加賀山　茂

求められる

法教育とは何か

他者への貢献 **"Do for others"** の視点から

事務管理　不当利得　不法行為　を考える

JN196457

信山社

はしがき

■ 助けあって生きる

「一人では生きていけない」という人間の宿命の下に，「ひと」は，「他者への貢献」"Do for others" の精神を生まれながらに有しています。もっとも，他者への貢献 "Do for others" は，お互いに助け合うというプラスの側面とともに，負の側面，個人の自己決定権に干渉するという性格を有しています。したがって，他者への貢献 "Do for others" を，他者の自己決定権との関係の中で調和させるためには，法のルールが決定的に重要な役割を果たすことが期待されています。

ところが，わが国では，法は「難解なもの」，「大学の法学部レベルで専門的に教育されるもの」と考えられており，一般の人々が，その重要な役割を活かし切れていないのが現状です。しかし，それでは，ボランティアなど，他者への貢献 "Do for others" の典型例とされている活動において遭遇するさまざまなトラブルを平和的に解決することは困難です。

本書で最初に取り上げる「土俵上での女性の救護活動」において生じたトラブルを想起してみてください。法とは，大学の法学部の専門教育だけに委ねるべきものではなく，すべての国民が教養の一つとして修得すべきものなのです。その教育としての法教育は，小学校・中学校，さらには，高等学校においても実施される必要があるのは当然といえましょう。

なぜなら，ボランティア活動の重要性は，小学校，中学校，高等学校を通じて，今日，教育の中に取り込まれているのですから，

その活動の中で生起する様々なトラブルを未然に防止したり，事後的に解決したりするルールを知り，実際に活用することができるような人材を育てる法教育こそが，小・中・高・大学教育のすべての段階で求められるのです。

■ トラブルを平和的に解決する能力を養う

もっとも，専門教育としての法学教育を受けて卒業した法学部の卒業生の実態を見ても，法の知識は，ほどほどに有してはいるものの，実際のトラブルを法に基づいて平和的に解決することができる人は，多くないように見受けられます。そうだとすると，小学校，中学校，高等学校の段階で，ボランティア活動において生じるトラブルを平和的に解決する能力を養うことは，さらに困難なことかもしれません。

しかし，これまでの法学教育が，なぜ，頭でっかちで，紛争の平和的な解決には役立たない学生を世に送り出してきたのかを考えると，希望の光が見えてきます。

これまでの法学教育とか法教育の現状をよく見てみると，教育の内容は，知識の獲得を中心としています。すなわち，法律の条文からスタートして，その条文の意味を理解し，その条文が適用されている判例・事例を理解することで力尽きていることが分かります。しかし，法教育で最も重要なのは，その先にある，生の事例からスタートしてそれに対して，どの条文を使って，具体的に妥当な解決案を提示できるか，その能力を育成することなのです。ただ従来の法学教育には，このような視点が欠けていたのです。法律や条文を教えることは，実現可能ですが，無限にある生

の事例について，それぞれの事例に対してどの条文を適用すべきかを教育することは不可能であると考えられてきたからです。

　しかし，法学教育や法教育の目標は，具体的な生の事例に遭遇した時に，その事例に適用可能な複数の条文や判例などから，それぞれの法原理，つまり条文，判例，法原理によって導かれる解決案について，徹底的な議論を行い，最も妥当な条文，判例，法原理を適用して，誰もが納得できるような合理的な解決案を提言できる能力を育成することです。

　確かに，これまでの長い間にわたって，法教育の目標は，的外れの「法や法原理に関する知識の獲得」に置かれていました。しかし，上記のような法実務にも通用する法教育の明確な目標が確定できれば，その実現方法を見出すことは，それほど困難なことではありません（法教育・学習方法の具体的な提案については，本書の第4章を参照してください）。

■"Do for others" 三つのルール

　本書は，「一人では生きられない」人間が，生来有している，最も崇高な理念である「他者への貢献」"Do for others"について，自己実現とか，自己決定権というもう一つの人生の重要な目標と調和させつつ，その精神を実現するための方法を実現することを試みています。すなわち，他者への貢献"Do for others"にかかわるルールとしての①黄金律（事務管理のルール群），②白銀律（不法行為のルール群），③唐金律（不当利得のルール群）の三つのルール群を中心として，それぞれのルール群の特色と相互関係を解明することを通じて，具体的な生の事実をこれらのルールを適用す

v

ることによって，誰もが納得する妥当な解決案を提言する能力を育成することを試みています。

　これらの三つのルール群は，当事者の合意がない場合にも適用できるルールであることに最大の特色を有しています。

　紛争を解決するに際して，当事者間に合意がある場合の紛争解決は比較的容易です。これに比べて，当事者間に合意がない場合の解決は容易ではありません。したがって，当事者間に合意が存在しない場合にも適用できる上記の三つのルール群について学習を深め，合意がない場合でも，誰でも納得せざるを得ない解決案を提言できる能力を獲得できるようになれば，そのレベルは，相当に高いと評価されるはずです。

　このようにして，本書は，読者が，他者への貢献"Do for others"に関する三つのルール群をマスターし，当事者の合意が得られないという最も深刻なトラブルに対しても，誰もが納得せざるを得ないトラブルの解決案を提言できる能力を獲得できるようにサポートすることを目的としています。

　本書を通じて，読者が，他者への貢献"Do for others"という崇高な精神を実践する上で必要となる法教育の目的を達成され，それをボランティア活動の実践に活かされることを心より願っています。

　2018 年 8 月

加賀山 茂

目　　次

図 表 目 次

求められる 法教育とは何か

他者への貢献 "Do for others" の視点から

──事務管理，不当利得，不法行為を考える──

土俵上での
女性の救護活動を考える

■ 女性は土俵からおりてください

　2018 年 4 月 4 日，京都府舞鶴市で開かれた大相撲の春巡業「大相撲舞鶴場所」で，多々見良三市長が土俵上であいさつをしているときに突然，仰向けに倒れました（くも膜下出血による重体であったことが後に判明しています）。

　場内は騒然とし，土俵上にいた関係者がうろたえるなか，観客の中から二人の女性が救命処置のため，土俵に上がって，関係者の許可を得て救護活動を開始しました。

　ところが，その後に救護のため土俵に上がった二人の女性を含めて，これらの女性すべてに対して，場内アナウンスを担当していた行司が，「女性は土俵からおりてください」というアナウンスを繰り返しました。

図1　土俵上での女性二人（中央の二人）による救護活動

図2　場内アナウンスに動揺する右側二人の
　　　女性救護者

　　　　　　救護活動を交代で行っ
ていた二人の女性は，そ
れでもなお，救護活動を
続けましたが，救護のた
め土俵に上がって救護活
動に参加しようとしてい
たその他の二人の女性は，
繰り返されるアナウンス
に動揺し，救護活動を支援すべきか，すべきでないのか判断がつ
かずに困惑し，結局，救護活動に加わることができませんでした。
　その後，男性の救護班が到着して，二人の女性と救護活動を交
代し，市長は病院に緊急搬送されて入院し，一命をとりとめまし
た。「女性は土俵からおりてください」というアナウンスを無視
して行った二人の女性の救護活動が，人命を救ったのです（現在，
舞鶴市長は健康を回復して職務に復帰しています）。
　その後，日本相撲協会の八角理事長は，行司のアナウンスは，
緊急時の対応としては「不適切だった」と釈明しました。これに
対して，「女人禁制」の伝統を重んじるべきだとか，場内アナウ
ンスに従うべきだという意見もあります。

＊　　　＊　　　＊

■ 法は誰をどう守ってくれるのか

　上記は，最近話題となった「土俵上で倒れた来賓を救護するた
めに女性が土俵に上がった事件」です。この事件では，意識を
失って倒れた舞鶴市長が一命をとりとめ，その後に職場に復帰し

4

たため，重大な問題とはなりませんでした。しかし，もしも，救護の甲斐なく患者の命を救うことができなかったという場合を想定したとき，場内アナウンスを無視した二人の女性は，責任を負うことになるのでしょうか。その場合は，困難な法律問題へと発展したと思われます。

まさにこれは，人命にかかわる緊迫した一場面です。

このような一刻を争うシーンに出会ったとき，「法」は，誰をどう守ってくれるのでしょうか。

■ 土俵事件は民法の「事務管理」で解決

そこで大事なのは，他者への貢献，“Do for others”の法の精神です。

他者への貢献“Do for others”に関するルールを知っていれば，この「土俵事件」は，民法697条以下の「事務管理」（法律上の義務がないのに他人のためにその事務を処理すること）の問題であることが理解できます。

第697条（事務管理）

① 義務なく他人のために事務の管理を始めた者（以下この章において「管理者」という。）は，その事務の性質に従い，最も本人の利益に適合する方法によって，その事務の管理（以下「事務管理」という。）をしなければならない。

② 管理者は，本人の意思を知っているとき，又はこれを推知することができるときは，その意思に従って事務管理をしなければならない。

　しかも，救護活動（事務管理）を始めた二人の女性（管理者）は，場内アナウンスを無視して，その救護活動を続けることが認められていることを理解できます。むしろ，救護活動を始めた以上，二人の女性は，それを継続することが法的に義務づけられているのです（民法700条）。

> **第700条**（管理者による事務管理の継続）
> <u>管理者は，</u>本人又はその相続人若しくは法定代理人が管理をすることができるに至るまで，<u>事務管理を継続しなければならない。</u>ただし，事務管理の継続が本人の意思に反し，又は本人に不利であることが明らかであるときは，この限りでない。

　そればかりでなく，場内アナウンスをあえて無視して救護活動を継続し，その結果がたとえ思わしくなかった場合であっても，二人の女性が責任を問われることはありません（民法698条）。

> **第698条**（緊急事務管理）
> 管理者は，本人の身体，名誉又は財産に対する急迫の危害を免れさせるために事務管理をしたときは，<u>悪意又は重大な過失があるのでなければ，これによって生じた損害を賠償する責任を負わない。</u>

■ボランティアに必要な法知識

　このように見てくると，他者への貢献"Do for others"を志す人々は，他者への貢献"Do for others"のルール，特に，事務管理のルールについて，最低限の知識を有していることが必要で

しょう。法律を知っていれば，何が適切な処置なのか，どのような場合に法的責任を負うのかがわかるため，安心してボランティア活動を含む他者への貢献ができるからです。

　前記の救護活動事件のような緊急事態に直面したとき，法律を知らなければ，後で土俵に上がった二人の女性のように，繰り返して放送される「女性は土俵からおりてください」という行司のアナウンスに翻弄されて，救護活動を断念せざるを得ないのではないでしょうか。確かに，このアナウンスは，後になって，相撲協会により，「不適切」であったと認められましたが，救護活動中は，主催者側の館内放送として繰り返し流されていたからです。

■ "Do for others"（ボランティアなど）の活動指針

　もちろん，法律以外の観点から，「人命にかかわる緊急事態なのに，なんという女卑男尊（だんそんじょひ）のアナウンスをするのだ」とか，「いやいや，女人（にょにん）禁制の伝統は守るべきであって，男性の救助隊が来るまで待つべきだ」とか，「場内アナウンスには従うべきだ」とか，「安易に男の伝統などというが，日本書紀によれば，相撲の起源は，女相撲から始まっている」とか，いろいろな考え方に基づいて議論することができます。

　しかし，法律の知識を持っていないと，人命を守るための救護活動についてさえ，確固たる自信をもって行動することができないのではないでしょうか。法律の知識があってこそ，救護活動は，法律上も認められており（民法697条），「女性は土俵からおりてください」という館内アナウンスを無視してもよい（民法700条）という確固たる自信を持つことができるのではないでしょうか。

そこで，本書は，他者への貢献 "Do for others" の活動を志す人々，例えば，ボランティア活動に従事している人々や，係わろうとしている人々など，他者への貢献活動を志す人々に対して，自信をもって責任ある行動ができるようにするため，他者への貢献 "Do for others" の活動の指針となる最低限のルールについて，分かりやすく解説することにします。

〈積極的優先処理（affirmative action）〉

> 本稿では，男女平等を実現するための最初のステップである差別解消のための積極的優先処理（affirmative action）として，男女の位置を入れかえて，「女男平等」とか「女卑男尊」とか「姉妹兄弟」という用語を用いています。ただし，慣例を尊重して，ルビでの読みには，従来の表現方法を使って補っています。

他者への貢献 "Do for others" の意義と実践

第1節 人間は社会的動物であり，助け合う心をもって生まれてくる

人間は社会的動物です。なぜなら，人間は生まれた時点で放置されたら確実に死ぬという脆弱な存在であり，お互いに助け合うことが運命づけられているからです。読者を含めて，今のあなたの存在があるのは，あなたの両親とか身近な人が，他者への貢献 "Do for others" として，あなたが生まれた時に，命の糧である食料と愛情とを与えてくれたからです。

このような事情があるため，人間は，生まれながらにして，「助け合う心」を持って生まれてきます。すなわち，人間は，親が子どもを助けるし，子どもも親を助けます。

例えば，お皿にイチゴが山盛りになっていたとします。2歳の子どもの口にお母さんがイチゴを入れたとします。すると，必ず子どもはイチゴをもって「お母さんにもあげる」といって同じ動作をします。

「いただくと，それを返す」。そういう志をもって人間は生ま

図3　人間は，助け合う心を持って生まれる

れているのです。それは文化が違っても，時代が違っても変わるところはありません（〔NHK スペシャル取材班『ヒューマン』49-57 頁〕）。

その上，他者への貢献 "Do for others" は，それを受ける側の利益になるだけでなく，他方で，それを行う側にとっても，人格形成上に大きな役割を果たしています。もしも，あなたの両親が尊敬に値する人だとすれば，それは，あなたを育てたことが大きな原因となっています。

2018 年 7 月 5 日から 6 日にかけて発生し，200 人以上の犠牲者を出した西日本豪雨の際にも，「自分のためなら早めに避難することはなかったかもしれないが，地域の高齢者の避難を手伝って早めに避難したので，自分も災難を逃れた」という人が多かったのも事実です。

人生の目標として掲げられることが多い「自己実現」も，決して，一人でなし得るものではなく，他者への貢献 "Do for others" が伴ってこそ，実現できるものなのです。

確かに，人間の不幸は，すべて，人間関係から生じます。人間関係がこじれた場合には，最悪の事態になりかねません。したがって，自分を不幸だと感じている人は，なるべく人間関係を避けようとしますし，自分のことすらままならないのに，他者への

貢献 "Do for others" などとんでもないと感じるかもしれません。しかし，人間の幸福もまた，人間関係からしか生じません。一人だけで幸福になることができないのも人間なのです［岸見・愛とためらいの哲学（2018）11 頁］。

第2節　自己実現と他者への貢献の相互関係

　先に述べたように，人間は，一人では生きていけない社会的動物です。したがって，個人の自己実現には，生まれた時だけでなく，それ以降も，他者による支援が欠かせないのです。つまり，自己実現も，他者との間の相互の「他者への貢献 "Do for others"」があってはじめて実現できるのです。

　読者を含めて，自分という人間の存在は，両親が他者への貢献 "Do for others" を実践し，自分のために育児をしてくれたからです。特に，受精卵から出生に至るまで，様々な困難（つわり，流産の危険，出産時の大量出血による生命の危機など）に耐えて，自分を胎内で育ててくれた母親の存在なしに「自己の存在」はありえないことを忘れてはなりません（「妊娠中の女性の権利の最

図4　母の日の意味

11

優先の原則」については，［加賀山・妊娠中の女性の自己決定権（2016）57-68 頁］を参照してください）。

すべての人は，女から生まれてきます。現在のところ，女以外から生まれた男は存在しません。したがって，土俵での女性の救護活動の際に主張された，女性を穢れの存在と見るなど，広い意味での女卑男尊^{（だんそんじょひ）}の考え方は深刻な問題を抱えているのです。

私たちが，毎年「母の日」を祝うのは，受精卵に過ぎなかった自分を 40 週にわたって胎内で育み，人間としての存在を与えてくれた母（女性）の恩を，女男^{（たんじょ）}を問わず，すべての人が忘れないためです。そして，その日は，すべての人が，母の恩に報いるために，今度は，自分自身が，どのような方法で他者への貢献 "Do for others" を行うべきなのかを考える日でもあると，筆者は位置づけています。そういうわけで，「母の日」は，「他者への貢献 "Do for others" の日」でもあると，筆者は考えています。

つまるところ，自己の存在は，他者への貢献 "Do for others" から始まったのです。出発点がそうなのですから，自己実現は，決して，一人で成し遂げられるものではないのです。自己犠牲ではなく，無理のない範囲でよいのですが，私たちは，他者への貢献 "Do for others" を行うことによって，はじめて，自己実現を達成することができることを銘記しつつ，他者への貢献 "Do for others" を実践していくべきなのです。

もっとも，他者への貢献 "Do for others" を実現するためには，貢献する問題について，自分自身が，他者と比較して同等以上の能力を有し，かつ，自分が時間的に余裕を有していなければなりません。つまり，他者への貢献 "Do for others" のためには，自

身の能力を他者の能力と同等以上に向上させることが必要であり，そのことが，回り回って，自己の能力を向上させることにもつながっているのです。

このように考えると，自己実現への最も確実な方法は，他者への貢献 "Do for others" を目指しながら，その前提としての自己研鑽に励むということだと思います。

第3節　他者への貢献 "Do for others" の実践

私たちが，他者への貢献 "Do for others" を実行することを決意した場合に，どのような方法を取るべきなのでしょうか。

出発点は，「個人の尊厳（憲法24条，民法2条で使われている用語）」です（憲法24条の誕生については，［ベアテ シロタ・1945年のクリスマス（2016）］を参照してください）。

すなわち，他者への貢献 "Do for others" を実行するに際しては，個人の意思と利益（自己決定権）とを尊重することが必要です。したがって，他人の領域に立ち入ること，他人のことに干渉することは，原則として，許されないことを銘記しなければなりません。

それにもかかわらず，他人に対する干渉が許されるのは，第1に，干渉について合意（契約）がある場合，第2に，合意がなくても，本人が明確に干渉を望んでいる場合，第3に，本人の意思が不明であるが，本人にとって有益である場合です。

このように，原則として禁止されている他人に対する干渉をあえてしようとするのが，他者への貢献 "Do for others" なのです

から，自信をもって他者への貢献 "Do for others" を行うに際しては，他人への干渉を正当化できる法律上の根拠を確認しておくことが重要です。

　そして，他者への貢献 "Do for others" の行動の指針となるのが，民法 697 条以下の事務管理の規定だと，筆者は考えています。「土俵上での女性の救護活動事件」の箇所でも取り上げましたが，とても重要な条文なので，再度掲載します。出発点となる条文（冒頭条文）である民法 697 条をゆっくり読んでみましょう。

　第 697 条（事務管理）
　① 義務なく他人のために事務の管理を始めた者（以下この章において「管理者」という。）は，その事務の性質に従い，最も本人の利益に適合する方法によって，その事務の管理（以下「事務管理」という。）をしなければならない。
　② 管理者は，本人の意思を知っているとき，又はこれを推知することができるときは，その意思に従って事務管理をしなければならない。

　この条文では，順序が逆になっていますが，大切なことは，以下の 2 点です。

　1．本人の意思を尊重して，本人の望むことを支援すること（民法 697 条 2 項）
　2．本人の意思が不明（意識を失っている，財産を残して所在が不明など）の時は，最も本人の利益に適合する方法で本人を支援すること（民法 697 条 1 項）

　以上 2 点（本人の意思と利益の尊重）について，さらに詳しく検討することにします。

1　他者の意思の尊重

　他者への貢献 "Do for others" とは，他者にとって必要，または，有益なことをすることです。言い換えれば，先に述べたように，他者の意思を尊重し，その意思の実現を支援することです。

　他者の意思が明確であるときには，その意思を尊重することが最も重要です。その意思が他者の利益を損ねることが分かっている時でも，他者の意思を尊重することが優先されなければなりません（民法 697 条 2 項）。

　他者への貢献を志す人が，他者の意思と異なる方法で他者の利益を最大化したいと願うのであれば，他者の意思が利益の最大化へ向かうように説得し，納得してもらうことが必要です。その説得ができない場合には，他者への貢献活動を諦めなければなりません。

　他者の意思に反する行為は，たとえ，それが，他者の利益になる場合であっても，それを押し付けること（「最も他者の利益に適合する管理方法を採用すべき」という適合性原則に対する違反）は，他者への貢献 "Do for others" とはいえないのです。

2　他者の利益の尊重

　他者が意識不明の重体に陥っている場合などのように，他者の意思が不明である場合には，最も他者の利益に適合する方法で管理すること（いわゆる適合性原則）が，他者への貢献 "Do for others" の実現目標となります（民法 697 条 1 項）。

利益とは，収益から費用をマイナスしたものですから，本人に利益をもたらすためには，費用が収益よりも大きくなることがないように工夫しなければなりません。

3　他者への貢献 "Do for others" の行動指針

以上の二つの指針に基づいて，事務管理という民法上の制度をまとめることにします。法律というと難しいと感じるかもしれませんが，事務管理の規定は，幸いなことに，わずか，6 ヵ条（民法 697 条~702 条）しかありません。

もっとも，この中に組み込まれた準用規定を入れると実は 10 ヵ条になります。しかし，民法全体（1044 条，相続法改正が施行されると，1050 条になります）から見れば，わずかな規定ということができます。

この 6 ヵ条（実質は 10 ヵ条）にちりばめられた法の精神は，上記のように，本人の意思を尊重しながら，最も本人の利益に適合するように支援をするということであり，その構造は以下の通りです。

1．本人の意思の尊重（民法 697 条 2 項）
　　➢　管理を開始したことを本人に通知する（民法 699 条）
2．本人の利益の尊重（民法 697 条 1 項）
　　➢　緊急の場合には，管理者の責任が軽減されるので，躊躇せずに行う（民法 698 条）。
　　➢　本人の利益を害さないよう，経過・顛末を本人に報告

する（民法 701 条準用による民法 645 条）。

> 本人の利益を害さないよう，いったん始めた行為は，本人または代理人に引き継ぐまで継続しなければならない（民法 700 条）

> 本人のために取得した物または権利は，本人に移転しなければならない（民法 701 条による民法 646 条の準用）

> 本人の利益と相反する行為はしてはならない（民法 701 条による民法 647 条の準用）

　以上のルールを図にまとめると次の通りです。これらの点については，第 2 章　他者への貢献（"Do for others" のルール）以下で詳しく解説します。

　他者への貢献 "Do for others" の精神に基づいて，他人の事務を管理して，他人（本人）に必要で有益な結果を生じさせた場合には，管理者が本人のために負担した費用を本人に請求することができます（民法 702 条）。ボランティア精神とはいっても，それを奨励し，長続きさせるためには，利益を得る本人にも応分の負担を求めることができるのです。

　ただし，特別法の規定（遺失物法 28 条，水難救護法 13 条 1 号，24 条 2 項，商法 800 条）による場合でなければ，本人に請求できるのは，費用にとどまり，報酬までは請求できません。

> ⇒ 本書 73 頁　土俵事件を民法で読んでみよう

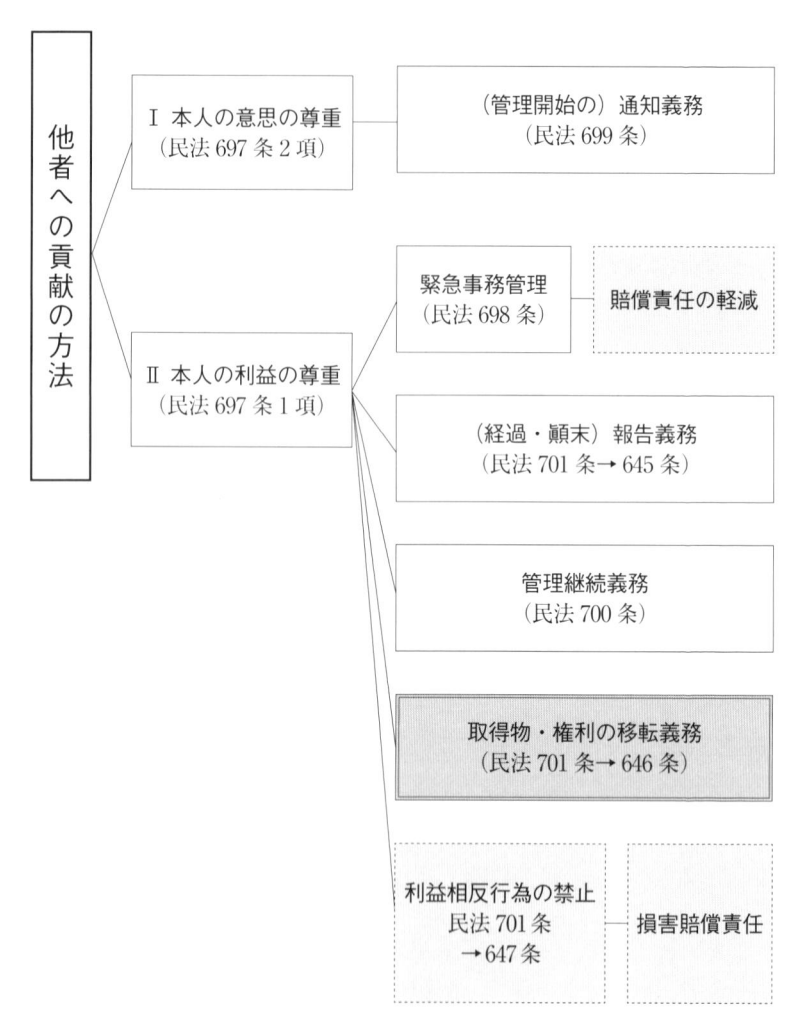

図5 他者への貢献 "Do for others" の方法 （支援方法の構造）

第 2 章

他者への貢献
"Do for others" のルール

　他者への貢献 "Do for others" は，それをする側にとっても，また，それを受ける側にとっても利益になることですが，それが社会的に有用と評価されるためには，先に述べたように，それを受ける側にとって，必要か，または，有益であることが必要です。

　特に，法律上の義務があるわけではないのに，他者への貢献 "Do for others" をする場合には，本人に危険が差し迫っている場合のように，必要であること，しかも，それが本人の意思に沿っているか，本人にとって有益であることが不可欠です。

　つまり，他者への貢献 "Do for others" は，やりたいからやるとか，好きなようにやるとかで始めてはならないのです。他者への貢献 "Do for others" を始めるに際しては，その行為がそれを受ける人にとって必要であるか有益であるという条件を満たすために，ルールを守って行う必要があります。

　そのルールの詳細は，民法では，契約外の債権・債務関係を規律する「事務管理」，「不当利得」，「不法行為」という箇所に規定されていますが，その概略を誰もが知っている先人の教えとか，ことわざを利用して，これらを理解しておくことにしましょう。

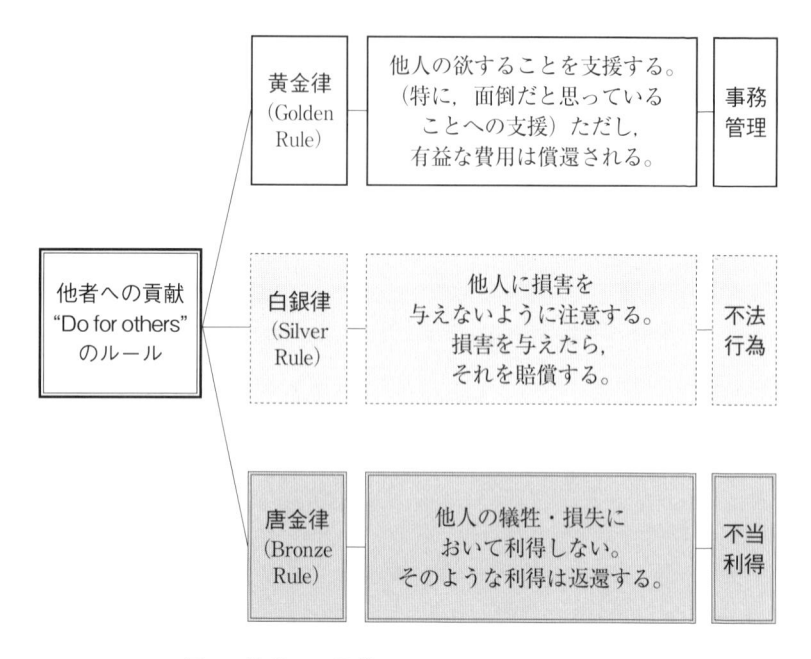

図6　他者への貢献 "Do for others" のルール

　他者への貢献をする場合に重要なことは，その行為が，行為を受ける本人の意思に従っているかどうか，少なくとも，本人の意思に反していないかどうか，そして，本人にとって有益であるかどうかを判断して，それが肯定される場合にのみ，それが肯定される方法で行わなければなりません。

　先人は，そのことを，以下の黄金律（他人が欲するか，他人の利益になることをなすべし），白銀律（他人にすべきでないことで，他人に損害が生じた場合は，その損害を賠償すべし），唐金律（正当な原因なくして他人の損失によって利益を得てはならない。そのような利益は損失者に

返還すべし）という格言で表現してくれています。これらの三つの格言が，他者への貢献 "Do for others" のルールの第一歩です。

第１節　黄金律 (Golden Rule) ── 事務管理

本書でいう黄金律（Golden Rule）とは，「他人が欲すること，または，他人の利益になることをなすべし」というルールです。反対に，「他人が欲しないことも，他人の不利益になることもしてはならない」というのは，次に述べる白銀律（Silver Rule）です。

通常は，黄金律とは，「自分がしてもらいたいことを他人にもしなさい（Do for others what you want them to do for you.）（マタイ 7.7-12）」という原理であると考えられているようです（［岡部・黄金律の系譜（2014）19-49 頁］を参照してください）。

しかし，この考え方は，誤解を生む余地があります。なぜなら，自分がしてもらいたいことと他人がしてもらいたいことは，必ずしも一致するとは限らず，しばしば，その結果が「余計なお世話」とか「有難迷惑」になる危険性を含んでいるからです。

そこで，本書では，そのような危険性を含まない聖書の別の箇所（あなたの頬を打つ者には，もう一方の頬をも向けなさい。……人にしてもらいたいと思うことを，人にもしなさい。：ルカ 6.29-31）を参照して，「他人が欲すること，または，他人の利益になることをなすべし」をもって黄金律と呼ぶことにしています。

他者への貢献 "Do for others" の中心課題である「他人がしてほしいこと」の具体例としては，「実現したいが，自分では出来なかったり，したくなかったりすること」であることが多いこと

21

に気づきます。「奉仕としての便所掃除」がその一例ですが，人の役に立つことというのは，多くの場合，人がするのを嫌がること，もしくは，人が面倒だと思ってしないことなのではないでしょうか。したがって，他者への貢献 "Do for others" の原理とは，「自分がするのは，面倒だったり嫌だったりするが，他人がしてくれたら，誰もが喜ぶに違いないことを率先してしなさい」という原理でもあるというのが，筆者の考え方です。

　ところで，他者への貢献 "Do for others" の出発点として，個人の尊厳を第一に考えるならば，個人が責任を有する問題について，他人は，みだりに干渉すべきではありません。それにもかかわらず，人が他人の領域に入ることが許されるのは，以下の三つの場合です。先に概略を述べましたが，ここでは，もう少し詳しく検討します。

　第1は，合意がある場合です。例えば，相手（委任者）が，自分（受任者）に事務（後片づけ，救護活動など）の処理を依頼し，自分が相手に奉仕するという約束をした場合です。この場合のルールについては，民法が，「委任」という見出しの下で詳しい規定をしています（民法643条～656条）。

　第2は，合意はなくても，他人に干渉することが必要である場合には，他人への干渉が可能です。他人が意識を失って倒れた場合などがその例です（民法698条）。もっとも，この場合には，最も本人の利益に適合する方法で，支援を行うことが必要です（民法697条1項）。

　このような緊急を要する場合には，たとえ，後になって本人の意思に反することが分かった場合でも，救護活動は，社会的には，

本人の利益になると考えられているので，救護活動をすることができます。しかも，たとえ，救護活動が功を奏しない場合であっても，救護活動をした人に重大な過失がない場合は適法行為であり，救護者の責任が問われることはないのです（民法698条）。

　第3の場合は，緊急を要しないときであっても，他人に干渉する行為が，本人の意思に従って行われる場合には，他人への干渉が可能です（民法697条2項）。また，たとえ，本人の意思が不明であっても，他人への干渉が，本人にとって必要であるか，本人の利益になる場合には，他人に対する干渉が許されます（民法697条1項）。

第2節　白銀律（Silver Rule）── 不法行為

　白銀律とは，「他人が望まないことも，他人に不利益になることもしてはならない」というルールです。その反対に，「他人が望むこと，または，他人の利益になることをせよ」というのが，先に述べた「黄金律」です。

　黄金律が聖書に由来するのに対して，白銀律は，論語の「己の欲せざることを人にしてはならない」（論語・顔淵12.2）に由来するとされています。

　白銀律は，それに違反した場合の責任という観点から，そのルールが民法709条以下に規定されています。そのルールの要点は，「ある人（加害者）が，故意または過失（帰責事由）によって，他人（被害者）に損害を生じさせた場合は，その損害を賠償する責任を負う」というものです。

　法律のルールは，そのほとんどが，「もしも法律要件（要件事実）が証明されるならば，法律効果（権利・義務）が生じる」という構造を有しています。

　不法行為の場合には，要件と効果の組合せは以下の通りです（詳細については，［加賀山・不法行為における定量分析の必要性（2011）17-58 頁］を参照してください。そこでは，過失の経済分析のほか，損害賠償額の算定方法，因果関係の確率を求めるためのベイズの定理の事後確率の計算方法も解説しています）。

I　法律要件

> **1．発生要件**（加害者は，法律効果（損害賠償請求権）を発生させるためには，以下の三つの発生要件（①故意又は過失，②損害の発生，③両者の間の因果関係）を証明しなければなりません）（民法 709 条）

　　✧　① 加害者の行為に「故意または過失」があること

　　　・「故意」とは，「わざと」のことであり，加害者の頭の中の現象であるため，被害者がそのことを証明するのは困難です。そこで，不法行為責任を追及するのに必要な要件は，外形に現れるために，被害者に証明が可能な加害者の「過失」であるということになります。

　　　・「過失」とは，第 1 に，加害者の行為によって，被害者に損害が発生する危険が予見できるにもかかわらず（予見可能性），第 2 に，加害者が損害を回避する義務（結果回避義務）を怠ることです。一言でいえ

ば，「過失」とは，「予見可能な結果についての回避義務違反」（やるべきことをやっていない）ということです。

・法と経済学の視点からは，損害回避のための費用と損害発生の期待値を合計した社会的費用を極小化するように，加害者が損害回避の費用を費やしていたかどうかという評価基準で過失の有無が判定されるとされています［クーター＝ユーレン・法と経済学（1997）352-358 頁］。

◇　② 被害者に損害が発生していること

・「損害」とは，加害者の行為によって事故が生じなかったとしたならば想定される財産状況から，事故によって陥った財産状態を引いたものです（差額説）。

・その結果として，損害には，積極的損害（治療費など）および消極的損害（逸失利益など）という二つの種類の損害が含まれます。

◇　③ 加害行為と損害発生との間に法的な因果関係があること

・法的な因果関係とは，加害行為によって損害の発生の蓋然性が相当程度高められたことをいいます（法的因果関係としての相当因果関係）。

・ある行為が結果発生への蓋然性を高めたかどうかの判定は，ベイズ統計学の視点からは，原因と結果のシミュレーション実験に基づいて，ベイズの定理によって事後確率を求め，それが，裁判所が要求する

証明度に達しているかどうかによって評価されます。

➢ **２．発生障害要件**（この要件が加害者によって証明されると，法律効果が発生しません。つまり，被害者は敗訴に追い込まれます。）

❖　① 責任無能力（民法 712 条，713 条）

❖　② 正当防衛・緊急避難（民法 720 条）

➢ **３．消滅要件**（これが被害者によって証明されると，発生していた法律効果が消滅します）（民法 724 条，改正後の民法 724 条の 2）

❖　被害者が，加害者を知ってから 3 年（改正法によれば，人の生命または身体を害する不法行為の場合は，5 年）を経過すると，損害賠償請求権が時効によって消滅します。

❖　事件から 20 年が経過したときは，同じく，損害賠償請求権が時効によって消滅します。

Ⅱ　法律効果

➢　加害者は，被害者に対して，被害者に生じた損害を賠償する責任を負います（民法 709 条）。

これまで述べた白銀律（民法上の不法行為責任のルール）を，視覚的にわかりやすく表現するものとして，電気回路図による表現を紹介しておきます。

この図は，原告が証明しなければならない要件と，反対に，被告が証明しなければならない要件を別々の形のスイッチとして表現し，電流が流れると，結果としてランプが灯ることを原告勝訴

（損害賠償請求が認められる）と考え，電流が流れなかったり，流れていた電流が途絶えたりすることを原告敗訴（損害賠償請求が認められない）と考えることによって，不法行為の全体像を把握しようとする試みです。

　下の図は，原告の証明すべき要件がすべて証明され，法律効果が発生した状態を示しています。

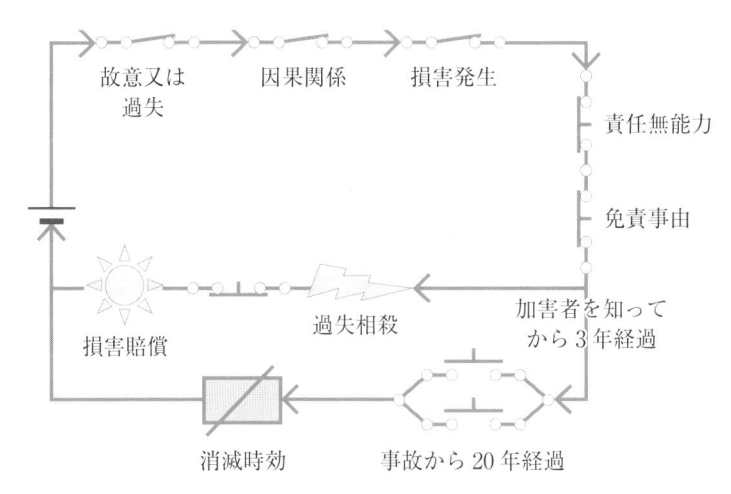

図7　不法行為の要件と効果の関係の電気回路図による表現

　このような電子回路による不法行為の要件と効果についての表現方法は，以下の2点で優れていると思います。

　第1に，民法の発生要件と発生障害要件を一体的に理解できることです。両者は別々のものではなく，実は，ともに発生要件なのですが，証明責任が原告（被害者）にある方を発生要件と呼び，証明責任が被告（加害者）にある方を発生障害要件と呼んでいる

だけに過ぎないことが，上記の図によれば，よくわかります。

　なぜなら，加害者が責任無能力者であることを証明するというのは，実体法的には，不法行為の発生要件として加害者に要求されている責任能力が欠けているということに過ぎず，その結果は，法律効果（損害賠償請求権）が発生しないというだけです。つまり，実体法上は，加害者が責任能力を有していることが不法行為の発生要件であり，被告が証明したのは，発生要件である責任能力を欠いているということなのです。

　民法学者の中にも，発生要件と発生障害要件（免責事由）とは，実体法上も性質の異なる要件であると誤解している人々が非常に多いのですが，それは，法律学にとって必須の論理学をマスターしていないために陥っている誤りに過ぎないと，筆者は考えています。法律学の権威者の言っていることでも，論理学や数学的に誤りに陥っている場合には，その考え方に従うのではなく，厳しく批判することが必要です。

　例えば，不法行為に基づく損害賠償事件において，逸失利益の算定方法について，通説に従って，ホフマン方式とかライプニッツ方式に従って計算することは，会計学上の現価計算の方法に反しており，数学的にも誤っています。この点については，［加賀山＝竹内・逸失利益の算定の問題点（1990）17-26頁］，［加賀山・中間利息控除の問題点（1999）118-119頁］を参照してください。また，連帯債務の連帯責任について，各連帯債務者が負う連帯債務の金額を単純に加算すると，連帯債務の総額を超える現象について，1＋1＝1であるという通説（一倍額の法理）が誤りであることは明らかです（この点については，［加賀山・連帯債務の相互保証理論

モデル（2001）19-28 頁］，［加賀山・保証の本質と民法改正の問題点（2017）273-302 頁］を参照してください）。そうでないと，法律学の発展が阻害され，科学の発展に取り残されることになるからです。

　発生要件と発生障害要件の話題に立ち返ると，発生障害要件（免責事由）とは，発生要件（例えば責任能力）を否定した要件（責任無能力）に過ぎず，その違いは，証明責任がどちらにあるかという，訴訟法上の問題（裁判において，その要件の存否を原告も被告も証明できず，真偽不明になった時にどちらが敗訴という危険を負担するかという問題）に過ぎないのです。そのことが，上記の電気回路図によれば，理解が早まります。なぜなら，電気回路は，論理の表現形式の一つだからです。

　第 2 に，一般不法行為の発生要件（民法 709 条），発生障害要件（民法 712 条，713 条，720 条，722 条），さらには，消滅要件（民法 724 条，724 条の 2）の全体像を一つの平面図で理解できるというにとどまりません。

　電気回路図によれば，一般不法行為の回路図の中にバイパスを描くことだけで，特別不法行為とされているすべての規定（民法714 条～719 条）を一般不法行為とともに一つの平面図で表現することが可能となるのです。その仕組みを，以下の図によって示します。

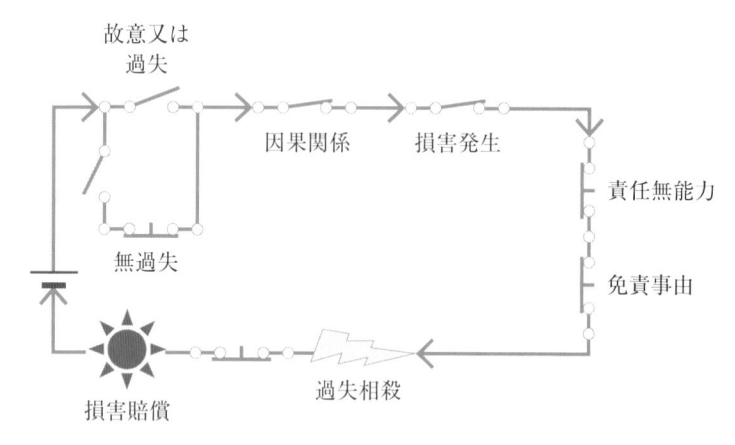

図8　様々な特別不法行為も，電気回路図のバイパスとして表現できる

　上記の図では，バイパスのスイッチに「責任無能力者が引き起こした事件」という要件を書き込むと，監督者責任（民法714条）を表現する電気回路図が出来上がります。

　また，上記の図のバイパスに，「被用者が引き起こした事件」という要件を書き込むと，使用者責任（民法715条）を表現する電気回路図が出来上がります。

　このようにして，民法714条〜718条までの特別不法行為責任について，一般不法行為の回路図の上に，様々な工夫を行ったバイパスを配置することによって，すべての特別不法行為責任を一般不法行為と同一平面上に表現することができます。

　この原理を応用すると，民法の特別法である製造物責任法も，次の図のように，一般不法行為と同じ平面に図示することが可能となります。

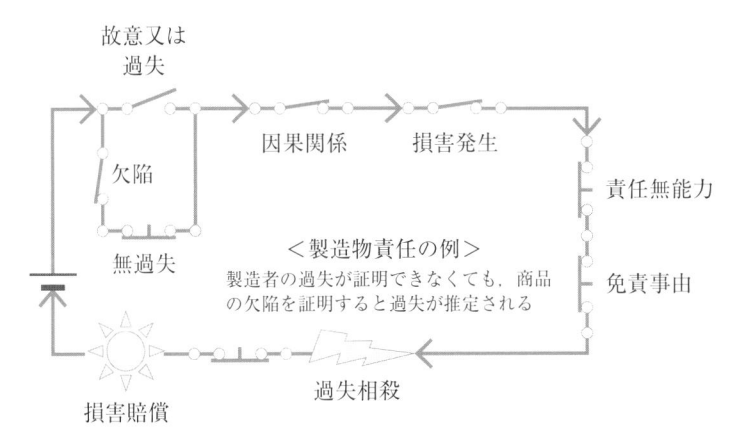

図9　製造物責任も，一般不法行為の電気回路図の
バイパスとして表現できる

　このようにして，白銀律を電気回路図を使って表現すると，一般不法行為の電気回路図の上に，様々な特別不法行為の電気回路図をレイヤーとして重ねることによって，不法行為の全体像を立体的に理解することができるようになるのです。

第3節　唐金律（Bronze Rule）── 不当利得

　唐金律とは，「正当な原因なしに（他人の犠牲において），利得することなかれ，そのような利得は損失者に返還すべし」というルールです。

　このルールの起源は，ローマ法の格言である「自然の法によれば，何人も，他人に損失を与えること，または，害悪を加えることによって富を得るに至ることは，正道ではない。」（Jure naturae

aequum est neminem cum alterius detriment et injuria fieri locupletiorem
(D.50. 17. 206)) に由来するといわれています [清水・債権各論
(2011) 25-26 頁]。

　現行民法は，このルールを不当利得に基づく返還請求権の体系
として，以下のような構成でもって規定していると，筆者は考え
ています。

一般不当利得（民法 703 条，704 条）

> ➢ 善意の不当利得（民法 703 条）…受益者が享受した利益を
> 返還する。
>
> ➢ 悪意の不当利得（民法 704 条）…受益者が受けたすべての
> 利益を返還し，受けた利益を運用して取得すべき利益を
> 引渡し，損害があればそれも賠償しなければならない。

特別不当利得

> ➢ 給付不当利得（契約から外れた場合の受け皿としての不当利得）
> 　　✧　返還請求の肯定（民法 703 条，704 条を前提とする）
> 　　✧　返還請求の否定又は制限（民法 705 条〜707 条 1 項）
> 　　　・契約の取消し・無効の場合の制限行為能力者等の保
> 　　　　護…返還の制限（民法 121 条ただし書き（民法改正後は，
> 　　　　民法 121 条の 2））
> 　　　・債務の不存在を知ってした弁済…返還を否定（民法
> 　　　　705 条）
> 　　　・期限前弁済…期限前弁済によって得た利益のみ返還
> 　　　　肯定（706 条）
> 　　　・他人の債務の錯誤弁済…返還請求を否定（民法 707

　　条 1 項）

　　・不法原因給付…受益者に不法な原因がない場合の返
　　　還請求の否定（民法 708 条）

➢　支出不当利得（事務管理から外れた場合の受け皿としての不当
　　利得）

　　✧　他人の債務の錯誤弁済…錯誤弁済者は債務者から
　　　　求償を受ける（民法 707 条 2 項）

➢　侵害不当利得（不法行為から外れた場合の受け皿としての不当
　　利得）

　　✧　善意占有者の保護…返還の範囲の制限（民法 189 条，
　　　　191 条）

　　✧　悪意占有者の制裁…返還・収益・損害賠償義務（民
　　　　法 190 条，191 条）

　　✧　添付による損失者の保護…法律上の原因がある不
　　　　当利得（民法 248 条）

以上の不当利得の構造を図示すると，次のような図になります。

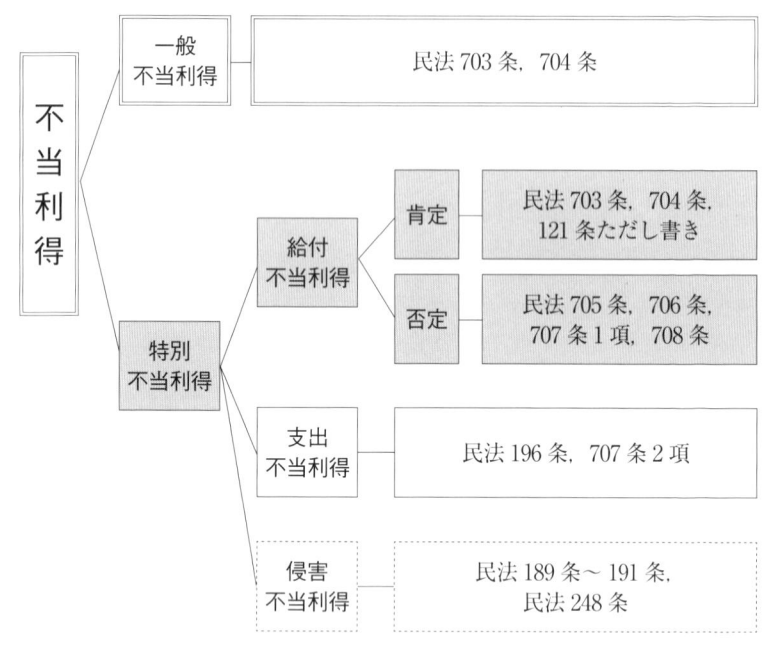

図 10　不当利得の全体像（通説的見解）

第**3**章

事務管理，不法行為，
不当利得の相互関係

　民法学という学問から見た場合には，事務管理，不当利得，不法行為という制度は，「契約以外において債権・債務を発生させる原因である」という共通の性質を有するものの，それぞれの制度は，完全に独立した制度であるとされています。

　すなわち，第1に，事務管理は，他人のために事務を管理する場合の管理の方法，費用の償還関係を制御する制度であり，第2に，不当利得は，法律上の原因（契約，事務管理，不法行為を含む）なしに，他人の財産，他人の労力によって利益を受けた場合の利益の返還関係を制御する制度であり，第3に，不法行為は，故意又は過失（帰責事由）によって，他人に損害を生じさせた場合の損害賠償関係について制御する制度であって，それぞれは，全く独立の制度であると考えられているのです。

　しかし，本書のように，他者への貢献 "Do for others" という統一的な観点からこれら三つの制度を眺めてみると，それぞれの制度は，他者への貢献 "Do for others" を実現するために，互いに影響を及ぼし合っており，それぞれが，他の制度によって影響を受けた結果，学問上で考えられているような純粋な制度ではな

事務管理，不当利得，不法行為の相互関係

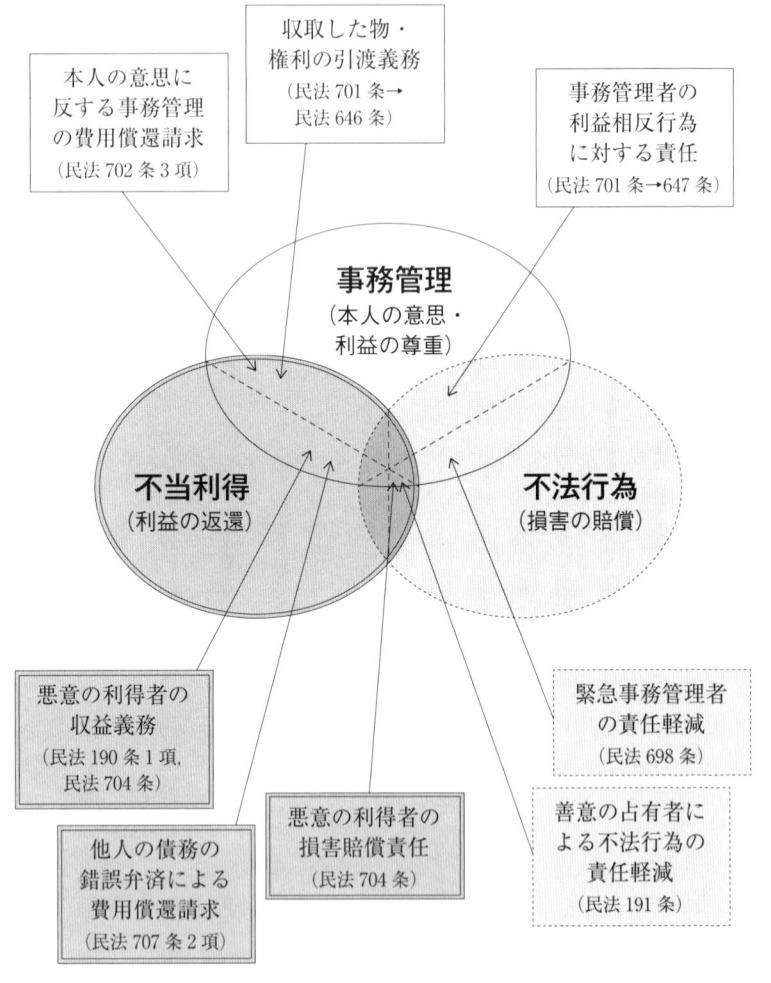

図 11　事務管理，不当利得，不法行為の相互関係の全体図

く，大きく変質していることに気づきます。

　そのことを，以下の図11を参照しながら，詳しく説明することにします。この図は，一見したところでは，複雑に感じるかもしれませんが，各節ごとに分解して説明しますので，恐れることはありません。

第1節　自己実現と他者への貢献の相互関係

1　事務管理の原則

　事務管理は，法律上の義務がないのに，他人のために他人の事務を管理することによって成立する法律関係です。

　もともとは，本人と管理者との間には法律関係はないのですが，管理を開始した時点から，管理者は，本人の意思を尊重して，善良な管理者として事務を管理する義務が生じます（民法697条2項，民法699条）。また，本人の意思が不明である場合には，最も本人の利益に適合するように事務管理をする義務を負います（民法697条1項）。

　本人の利益を確保するために，管理者は，管理の経過および結果を本人に報告しなければならず（民法701条による民法645条の準用），管理の間に本人のために受け取った物を本人に引き渡し，管理者の名で取得した権利を本人に移転しなければなりません（民法701条による民法646条の準用）。そして，いったん開始した事務は，本人又は本人の代理人・承継人が事務を受け継ぐまで，管理を継続する義務があります（民法700条）。

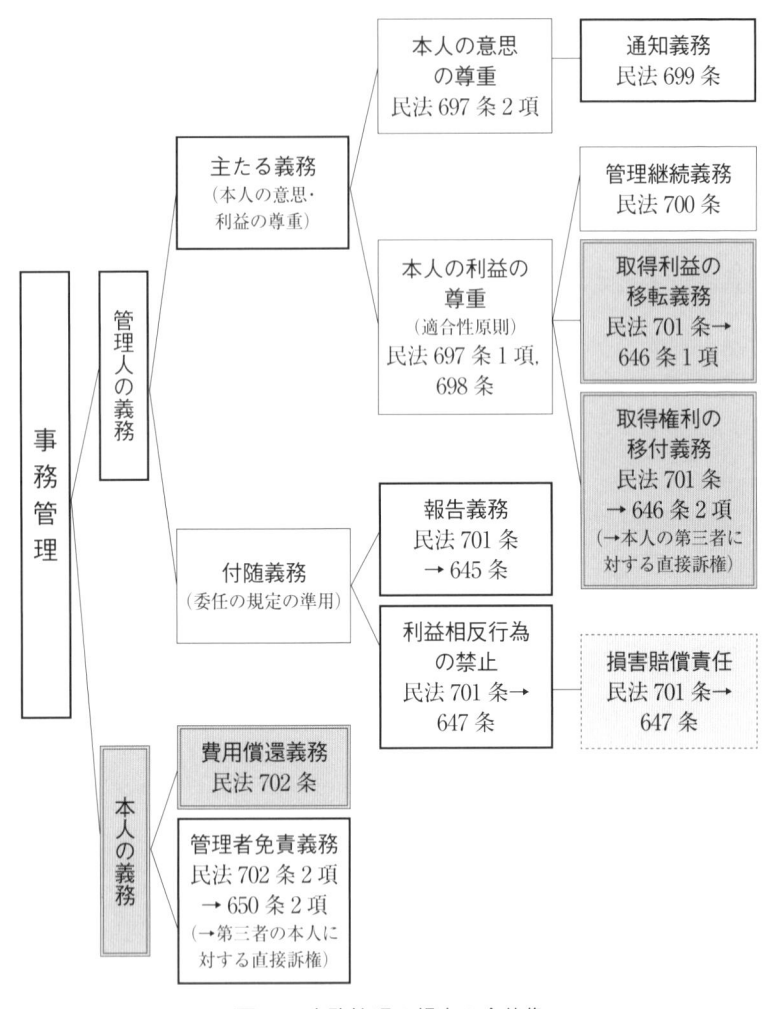

図 12　事務管理の規定の全体像

潮見佳男

2017年改正・2020年施行の改正法を解説

プラクティス民法
債権総論
〔第5版〕

SHIOMI YOSHIO

潮見佳男

One always has to keep in practice

プラクティス民法

債権総論

〔第5版〕

信頼の債権総論テキスト　第5版

CASEを駆使して、民法理論がどのような場面で使われるのかの理解を促し、原理・制度・概念といった骨格部分の正確な理解へと導く。
2017年（平成29年）5月に可決・成立し、6月に公布された民法（債権法）改正に対応版。

信山社　2782-0801　定価：本体5,000円（税別）

改正法の体系を念頭において、CASE を整理、改正民法の理論がどのような場面に対応しているのかの理解を促し、「制度・概念の正確な理解」「要件・効果の的確な把握」「推論のための基本的手法の理解」へと導く。

全面的に改正法に対応した信頼の債権総論テキスト第5版。

A5変・上製・720頁
ISBN978-4-7972-2782-6 C3332
定価：本体**5,000**円＋税

(CASE 1) AとBは、Aが所有している絵画（甲）を 1200 万円でBに売却する契約を締結した。両者の合意では、絵画（甲）と代金 1200 万円は、1 週間後に、Aの居宅で引き換えられることとされた（売買契約）。

(CASE 2) 隣家Aの所有の建物の屋根が、Aの海外旅行中に台風で破損したので、Bは、工務店に依頼して屋根の修理をし、50 万円を支払った（事務管理）。

(CASE 3) Aが所有する甲土地に、Bが、3 か月前から、無断で建築資材を置いている。このことを知らされたAは、Bに対して、3 か月分の地代相当額の支払を求めた（不当利得）。

(CASE 4) AがBの運転する自動車にはねられ、腰の骨を折るけがをした（不法行為）。

CASE

★ 約 800 もの豊富な CASE を駆使して、その民法理論が、どのような場面で使われるのかを的確に説明！
★ 実際に使える知識の深化と応用力を養う

---

memo 39

〔消費者信用と利息超過損害〕

金銭債務の不履行の場合に利息超過損害の賠償を認めたのでは、金融業者が返済を怠った消費者に対して、利息損害を超える賠償を請求することができることなり、不当であるとする見解がある。

しかし、利息超過損害の賠償可能性を認めたところで、こうした懸念は当たらない。というのは、利息超過損害であっても、416条のもとで賠償されるべきであると評価されるものでない限り賠償の対象となるところ、消費者信用の場合には、貸金の利息・金利を決定するなかで債権者の損害リスクが実際的かつ抽象的考慮に入れられているから、利息超過損害を請求することは特段の事情のなければ認められるべきでないと考えられるからである。さらに、債権者（貸主）には損害賠償義務も課されないし、賠償額予定条項のなかで利息超過損害が含まれているときは、不当条項として無効とされる余地が大きいことも考慮した上で、消費者信用における借主の不履行事例を持ち出して利息超過損害の賠償可能性を否定するのは、適切でない。

memo

★ 先端的・発展的項目は、memo で解説。最先端の知識を的確に把握

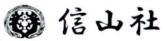

信山社

〒113-0033
東京都文京区本郷 6-2-9
TEL：03-3818-1019
FAX：03-3811-3580
e-mail：order@shinzansha.co.jp

潮見佳男

2017年改正・2020年施行の改正法を解説

新債権総論

法律学の森

新法ベースのプロ向け債権総論体系書

2017年（平成29年）5月成立の債権法改正の立案にも参画した著者による体系書。旧著である『債権総論 I（第2版）』、『債権総論 II（第3版）』を全面的に見直し、旧法の下での理論と関連させつつ、新法の下での解釈論を掘り下げ、提示する。新法をもとに法律問題を処理していくプロフェッショナル（研究者・実務家）のための理論と体系を示す。

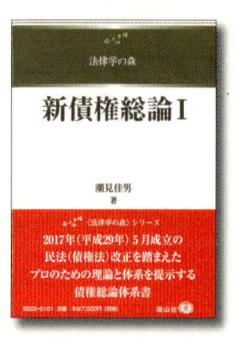

I 巻では、第1編・契約と債権関係から第4編・債権の保全までを収録。

A5変・上製・906頁
ISBN978-4-7972-8022-7
定価：本体 7,000 円＋税

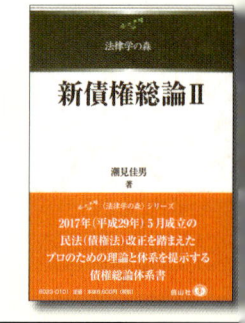

A5変・上製・864頁
ISBN978-4-7972-8023-4
定価：本体 6,600 円＋税

II 巻では、第5編・債権の消滅から第7編・多数当事者の債権関係までを収録。

〒113-0033 東京都文京区本郷6-2-9-102 東大正門前
TEL:03(3818)1019 FAX:03(3811)3580 E-mail:order@shinzansha.co.jp

信山社
http://www.shinzansha.co.jp

2　管理者の逸脱を裏から制御する不法行為

　これらの義務に反して，管理者が本人の利益に反する行為（利益相反行為）をした場合には，管理者は，委任契約の場合に準じて，本人に対して，失った利益に利息を付けて返還しなければなりませんし，本人に損害が生じている場合には，損害賠償をしなければなりません（民法 701 条による民法 647 条の準用）。

　この場合，委任の規定が準用されるため，管理者の利益相反行為に関する責任は，契約不履行責任と考えられるかもしれませんが，事務管理は，契約が存在しないことを前提にしていますので，

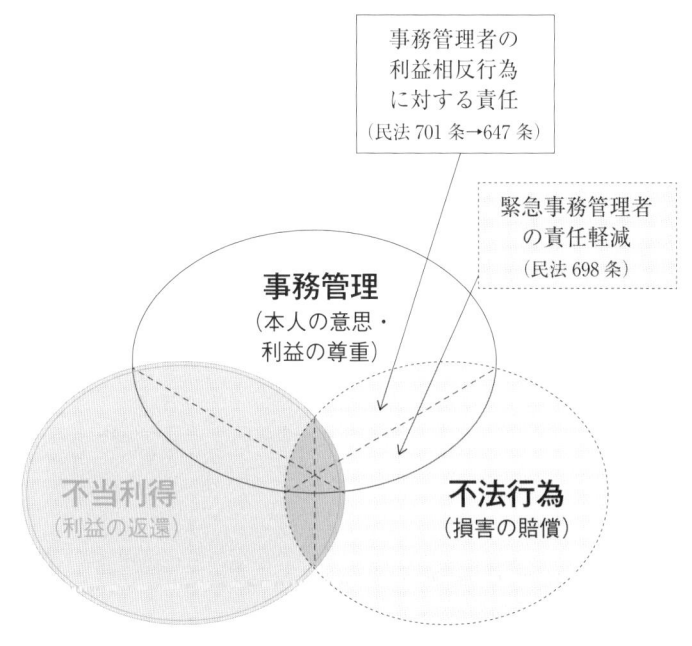

事務管理者の
利益相反行為
に対する責任
（民法 701 条→647 条）

緊急事務管理者
の責任軽減
（民法 698 条）

事務管理
（本人の意思・
利益の尊重）

不当利得
（利益の返還）

不法行為
（損害の賠償）

図 13　事務管理と不法行為との相互関係

この責任の性質は不法行為と考えなければなりません。このように，事務管理における管理者の義務違反については，常に，不法行為に基づく損害賠償責任の規定が控えており，事務管理の規定を補っているのです。

3　必要事務管理における例外としての不法行為責任の軽減

事務管理における管理者の行為については，不法行為法が制御しているという原則については，例外があります。

事務管理の最も重要な場面というのは，最初の設例（土俵上での女性の救護活動事件）のように，他人が意識を失って倒れたというような緊急を要する場合に行う事務管理（緊急事務管理）です。このように，必要性が大きな事務管理においては，民法は，不法行為の一般原則に反して，「悪意又は重大な過失があるのでなければ，これによって生じた損害を賠償する責任を負わない」（民法698条）と規定しています。

不法行為の原則は，被害者を救済するために最も重要なルールとされており，被害者を救済するために，特別不法行為（民法714条〜719条）のように，加害者の責任を重くするルールはたくさんあります。しかし，加害者の責任を軽くするルールは，なるほど，不法行為法の内部では，正当防衛，緊急避難（民法720条），過失相殺（民法722条）が用意されてはいますが，民法全体を見渡した場合には，それほど多くありません。

加害者の責任を軽減する例は，わが国の住宅事情を考慮して制定された特別法である失火責任法の規定，次に述べる善意の占有者の責任の外は，ここで述べる緊急事務管理者に対する責任軽減

だけです。

　事務管理における不法行為責任の軽減措置は，緊急の場合における事務管理を奨励するためだと考えられています。事務管理が必要であるにもかかわらず，責任が重くされていると，多くの人々は，事務管理に乗り出すことを躊躇するからです。

　この点に注目するならば，民法における不法行為責任の軽減措置は，必要な管理を行う管理者に対する一種の優遇措置と考えることができます。このような視点から見ると，次の節で記述する，不当利得に関する善意の占有者に対する責任軽減の制度（民法191 条）も，同様にして，善意の管理者に対する責任軽減として位置づけることができそうです。

4　本人の管理者に対する義務

　以上の管理者の必要かつ有用な義務の履行に対応して，本人は，管理者が費やした有益な費用（必要費，有益費）を賄ってあげなければなりません（民法 702 条）。この規定は，もともと，不当利得に由来する規定なので，「管理者」の義務違反が不法行為によって制御されているのとは異なり，管理者に対する「本人」の費用の返還義務は，不当利得の法理に由来する民法 702 条の規定によって制御されることになります。

第2節　不法行為と不当利得との関係

1　不法行為の原則

不法行為は，ある人（加害者）が故意または過失（帰責事由）によって他人（被害者）に損害を生じさせたときは，加害者は，被害者に対してその損害を賠償しなければならないという制度です（民法709条以下）。

不法行為は，第1に，単独加害者による不法行為（単独不法行為）に関する規定（その中心は民法709条），および，第2に，複数加害者による不法行為（共同不法行為）としての一般共同不法行為の規定（その中心は民法719条）から構成されています。

そして，第1の単独不法行為に関しては，その発生要件を民法709条が定め，発生障害要件を民法712・713条が規定し，損害賠償額の減額要件を民法722条が定め，消滅要件を民法724条（改正後は724条の2が追加されている）が規定しており，金銭による賠償責任の原則の例外として，民法723条が，損害賠償責任とともに原状回復責任（名誉を回復する適当な措置を講じる責任）を規定しています。

第2の共同不法行為に関しては，一般共同不法行為について規定する民法719条を中心として，その特別法として，監督者責任（民法714条），使用者責任（民法715条），注文者責任（民法716条），土地工作物に関する占有者・所有者・瑕疵の原因の創出者の責任（民法717条），動物占有者責任（民法718条）が規定されています（共同不法行為の全体像については，［加賀山・共同不法行為（1997）373-394頁］を参照してください）。

　不法行為の通説的な考え方によると，民法 714 条〜民法 719 条を特別不法行為と呼んで，一般不法行為である民法 709 条と対比しています。しかし，特別不法行為法とされている民法 714 条〜719 条の内部構造は，先に述べたように，共同不法行為の一般法として民法 719 条が共同不法行為における部分的な因果関係を前提にして連帯責任を規定し，その共同不法行為の特別法として民法 714 条〜718 条を位置づけるのが，論理的であると，筆者は考えています。

　しかし，通説と異なることを主張すると，はじめて民法を学習する人々が混乱するというのも一理あることなので，以下の図では，民法 719 条が複数加害者による不法行為（広義の共同不法行為）の一般法であることは譲れないものの，通説が，特別不法行為として分類している民法 714 条〜718 条，および，民法 723 条を，通説通りに，民法 709 条に対比される特別不法行為として分類しておきます。

　ただし，筆者の考え方では，民法 723 条（名誉棄損）は，加害者が単独の場合には民法 709 条の特別法，加害者が複数の場合には，民法 719 条の特別法として分類すべきであると考えており，また，民法 714 条〜718 条は，民法 719 条の特別法として分類すべきであると考えていることを参考までに述べておきます。

　ボランティア活動として他者への貢献 "Do for others" を実践する人々も，ボランティアで無償の活動だから，こと不法行為に関しては，その責任を免れるという安易な考え方は捨てなければなりません。

　無償のボランティア活動として他者への貢献 "Do for others"

43

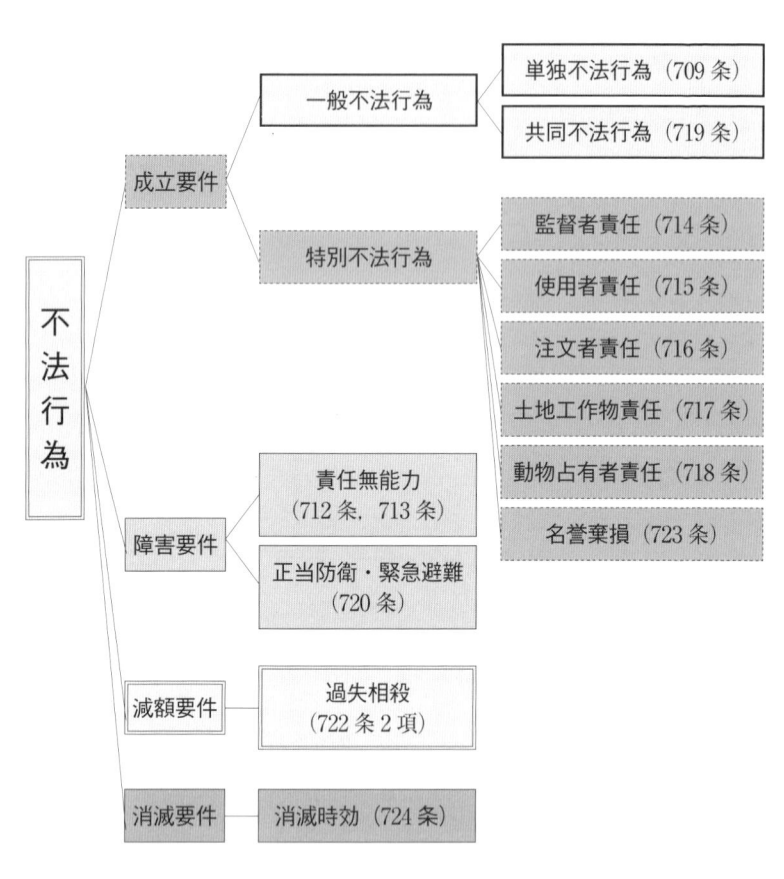

図14 不法行為の規定の全体像

を実践する場合，確かに，先に述べたように，それが緊急事務管理という特別な場合に限って，管理者に「悪意又は重大な過失があるのでなければ」，不法行為に基づく損害賠償責任を負うことはありません（民法 698 条）。しかし，それ以外の緊急を要しない事務管理の場合には，常に民法 709 条以下の不法行為責任が問われるということを自覚しておく必要があります。

　なぜならば，最初に述べたように，他者への干渉は，「自己決定権」を侵害するものとして，許されないのが原則であり，常に，不法行為責任がバックに控えているからです。

　したがって，緊急事務管理に該当する例外的な場合を除いては，すなわち，緊急を要しない事務管理（有益事務管理）の場合には，管理者は，「善良な管理者の注意」（民法 646 条参照）をもって，管理に当たらなければならず，その注意を怠った場合には，不法行為責任を負うこと，複数のメンバーによって管理をする場合には，メンバーの一人が注意を怠った場合には，連帯責任を負わされる場合があること（民法 719 条）に注意しなければなりません。

　ただし，このような厳しい不法行為責任について，不当利得の観点から，善意の占有者については，以下のような例外規定（民法 191 条）が存在しているため，善意の管理者の場合には，解釈上，一定限度の責任軽減が考えられないわけではありません。そこで，次に，不法行為責任について，不当利得の原理によって責任軽減が行われる場合があることについて考えてみることにします。

2　善意の占有者の不法行為における責任の軽減

　上記のような不法行為責任の原理を純粋に適用するならば，他

人（被害者）の物（例えば，家屋）を権限なしに使用している占有者（加害者）が，故意または過失（帰責事由）によってその他人の物（家屋）を滅失させたり，損傷させたりしたときは，本来ならば，全部の損害を賠償する責任を負うはずです。

ところが，このような場合において，民法191条は，悪意の占有者に対しては，不法行為の原則をそのまま適用して，損害の全部を賠償する義務を負わせていますが，善意の占有者に対しては，「その滅失又は損傷によって現に利益を受けている限度において賠償する義務を負う」と規定しており，善意の占有者の不法行為責任を軽減し，不当利得の返還義務のみに限定しています。

上記の家屋の滅失・損傷の例でいえば，善意の占有者は，失火で消失した家屋の灰とか，壊れたままの家屋を引渡せばよいということになります。

3　善意の占有者の不法行為責任と不当利得との関係

このような不法行為責任の制限の方法は，善意の受益者に対する不当利得に基づく利得返還義務と全く同じです（民法121条ただし書き，民法（債権関係）改正法121条の2参照）。

このように，不法行為の制度は，ごく限られた範囲ではありますが，不法行為の規定の適用に換えて，不当利得の規定の適用に委ねている場合があるのです。

4　善意の占有者の不法行為責任と事務管理との関係

緊急事務管理の場合に，管理者の不法行為責任が軽減される理由は，必要な事務管理を奨励するために管理者を優遇するためで

した。

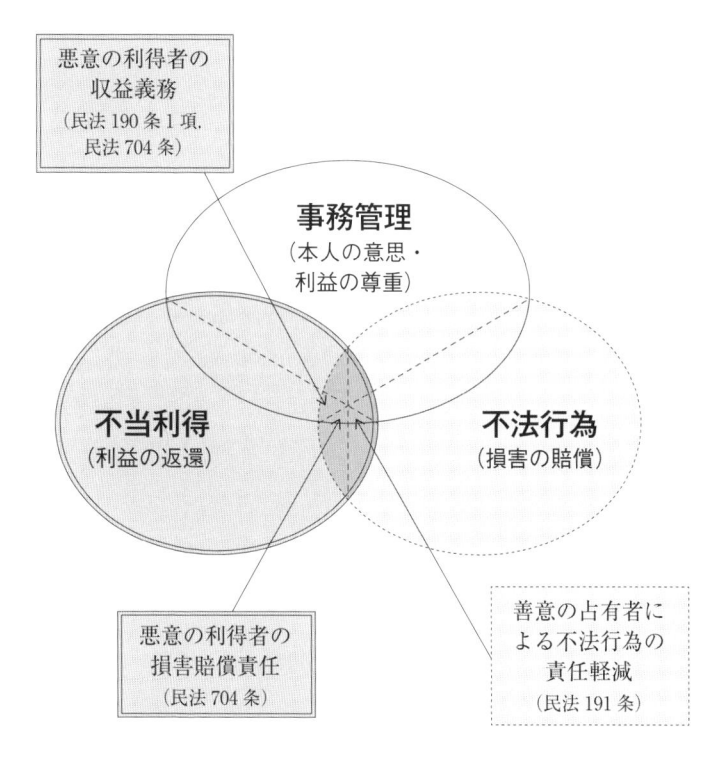

図 15　不法行為と不当利得との相互関係

　善意の占有者の不法行為責任が軽減されているのも，善意の占有者は，実は，事務管理者でもあるからではないでしょうか。そのように考えると，善意の占有者の不法行為責任が軽減される理由が，より一層明確になるように思われます。

第3節　不当利得と事務管理との関係

1　不当利得の原則

　不当利得は，正当な原因なしに，他人の財産や労力から利得してはならない。そのようにして得た利益（不当利得）は損失者に返還しなければならないという制度です。

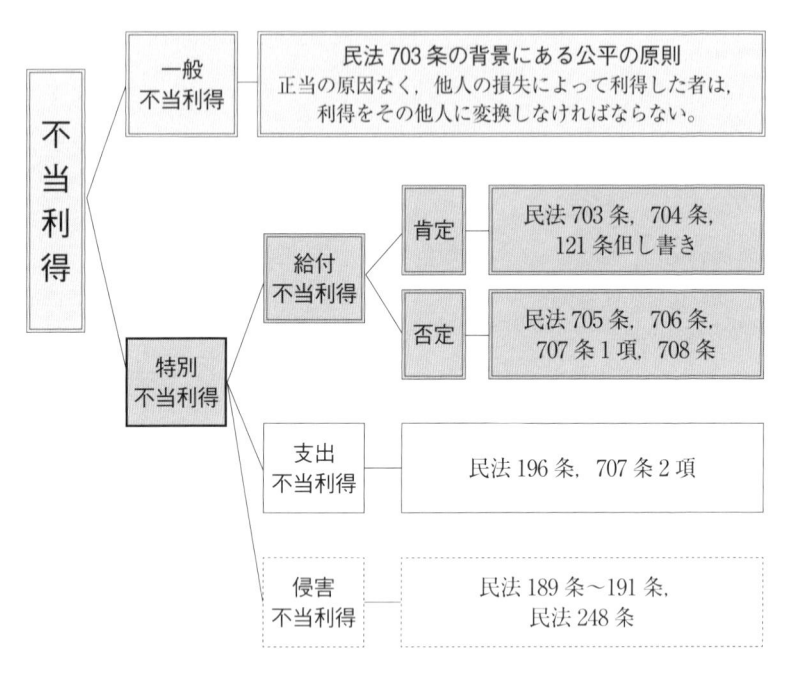

図16　不当利得の規定の全体像（筆者の考え方）

2　不当利得における返還請求権の範囲に関する三つの区別

ここで，返還すべき利得の範囲が問題となりますが，以下の三つの場合が厳しく区別されています。

第 1 の場合は，不当利得の成立時点で受けた利益のうち，不可抗力によって滅失・損傷したため享受できなかった利益は差し引くものの，自分のために消費した利益はプラスして返還するという，一言でいえば，「享受しただけの利益を返還する」というものです。これが，不当利得の返還範囲の原則です（民法 703 条）。

第 2 の場合は，受益者が特別に保護されるべき場合であって，受けた利益のうち，費消した部分をマイナスして，「現存する利益だけ返還すればよい」とするものです。

例えば，失効宣告の取消しの場合における失踪宣告によって財産を得た者の保護（民法 32 条 2 項），制限能力者等の保護（民法 121 条ただし書（民法改正後 121 条の 2）），善意占有者の保護（民法 191 条），委託を受けない保証人から求償請求を受けた債務者の保護（民法 462 条 2 項），債務者の意思に反する事務管理者から費用償還請求を受けた本人の保護（民法 702 条 3 項），婚姻の取消しの場合における婚姻によって財産を得た者の保護（民法 748 条 2 項）がその例です。

第 3 の場合は，第 2 の場合とは逆に，損失者を特に保護すべき場合であって，悪意の受益者に対して制裁を加えるという場合です。この場合には，悪意の受益者は，「受けた利益をすべて返還する義務を負うばかりでなく，悪意の不当利得の時点で，受けた利益について，あたかも事務管理を開始して，最も本人の利益に

適合する方法でその利益を運用・管理して，果実（天然果実，法定果実を含む）を収取して，損失者に移転する」という義務を負います。悪意の占有者の果実収取義務（民法 190 条），悪意の受益者の利息支払い義務（民法 704 条）がその例です。

3　事務管理の規定に残る不当利得の影響

(1)　管理者が収取した利益の本人への返還義務

事務管理の規定である民法 701 条が準用する民法 646 条は，受任者が受け取った物（果実を含む）を委任者に引き渡すべきこと（民法 646 条 1 項），および，受任者が自己の名で得た権利を委任者に移転すべきこと（民法 646 条 2 項）を規定しています。

この委任の規定を，事務管理に準用して表現すると，その結果は，以下のようになります。

民法 701 条による民法 646 条の準用（管理者による受取物の引渡し等）

① 管理者は，事務を処理するに当たって受け取った金銭その他の物を本人に引き渡さなければならない。その収取した果実についても，同様とする。

② 管理者は，本人のために自己の名で取得した権利を本人に移転しなければならない。

事務管理の条文である 701 条が，委任契約の規定を準用しているのは，事務管理者と委任契約における受任者の地位が非常によく似ているからです。

しかし，事務管理は，合意なしに始まる行為なので，管理者が

事務処理の過程で受け取った物等を本人に移転しなければならないという義務の実質的な根拠は，不当利得の返還請求です。

しかも，その義務の内容は，受け取った物等すべて，および，果実に及んでいるのですから，この不当利得返還請求は，善意の受益者の返還請求（民法703条）ではなく，悪意の受益者の返還請求（民法704条）と同じです。

事務管理者は，事務処理を行う過程で本人のために物とか権利とかを受け取るときは，それが自分である管理者に帰属すべきものではなく，他人である本人に帰属すべきものであることを知って（悪意で）受け取るのですから，この場合の事務管理者は，不当利得上は，善意ではなく，悪意の受益者と同じ地位にあるのです。

(2)　本人の意思に反する管理に対する本人の費用償還義務

現行民法の立法過程において，その規定を削除すべきかどうか，または，他の箇所に移すべきかどうかで，最も激しく議論されたのは，民法702条3項の規定です［法典調査会・民法議事速記録五（1984）143-153頁］。

第702条（管理者による費用の償還請求等）
③ 管理者が本人の意思に反して事務管理をしたときは，本人が現に利益を受けている限度においてのみ，前2項の規定を適用する。

立法過程での議論の要点は，事務管理は，本人の意思に従って行うべきものであり（民法697条2項），本人の意思に反する管理

を事務管理の中で規定するのは理屈が通らない。702条3項は削除するか，この規定を不当利得の箇所に規定すべきであるというものです［法典調査会・民法議事速記録五（1984）142-153頁］。

　立法者も，本人の意思に反する管理は，その本質は不当利得であるとしても，事務管理の箇所に一括して規定しておく方が便宜上，好ましいと説明して，法案が採択されています。

　本質が不当利得の返還請求だということになると，返還の範囲が問題となりますが，この場合は，意思を無視された本人を保護する必要があるため，不当利得の原則と返還請求の範囲で述べたように，返還の範囲は，保護されるべき本人が「現に利益を受けている限度」に限定されています。

4　不当利得に残る事務管理の影響

⑴　他人の債務の錯誤弁済の場合の債務者の弁済者に対する償還義務（民法707条2項）

民法707条（他人の債務の錯誤弁済）は，先に述べた民法702条3項の本人の意思に反する事務管理の場合とは正反対に，事務管理に近い（民法707条2項の結論は，事務管理者の本人に対する償還請求権を認めたのと同じ結果となっている）にもかかわらず，事務管理ではなく，不当利得の中で規定されています。

　他人の債務の弁済は，錯誤がなければ，事務管理の典型例です。しかし，民法707条の場合は，錯誤によって，自らが，債務者であるとか，保証人であるとかと思い込んで，他人の債務を弁済しているため，「他人のため」という事務管理の要件を欠いています。したがって，この場合を不当利得の中で規定するのは誤りで

はありません。

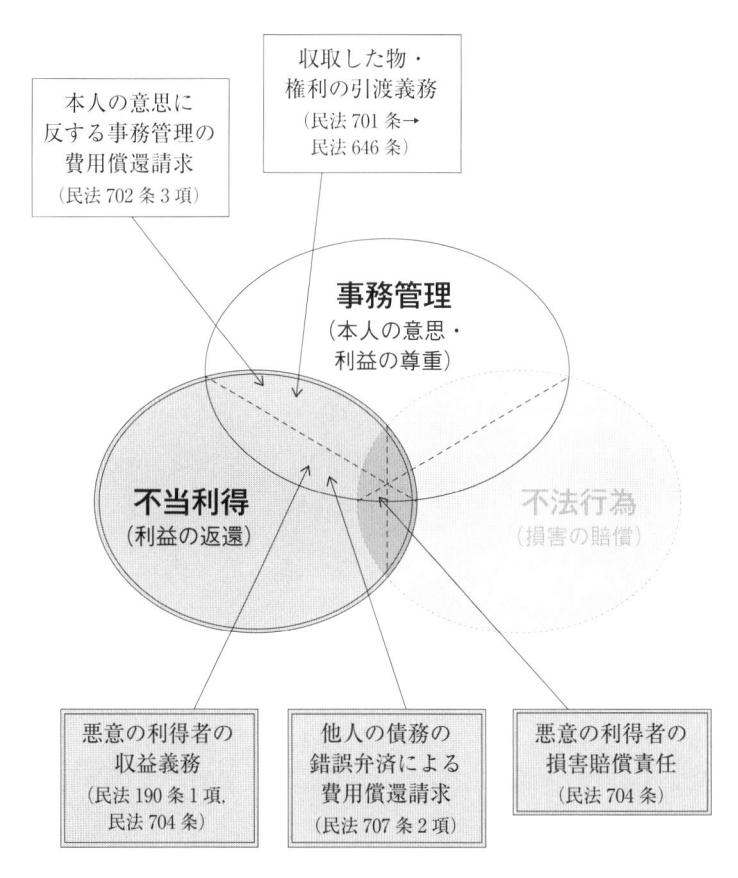

図 17　不当利得と事務管理の相互関係

　しかし，707 条の場合というのは，錯誤弁済のために，債権者が証書とか担保とかを破棄したり，時効によって債務が消滅したりして，実質的に，債権者が債務者に対して請求することが不可能となったという場合です。民法は，このような苦境に立った債権者を保護するために，弁済者からの給付不当利得の請求を否定し（民法 707 条 1 項），その代わりに，債務者に対する求償権を弁済者に与えています（民法 707 条 2 項）。

　その結果は，他人の債務を弁済した錯誤弁済者に事務管理者としての権利を与えたのと同じです。つまり，民法 707 条は，不当利得の規定を整備した結果，他人の債務の錯誤弁済の特別な場合に，錯誤弁済者を事務管理者とみなしたのと同じです。

　このように考えると，民法 707 条は，不当利得の規定であるにもかかわらず，債権者保護の方法として，事務管理による解決法を取り入れている点で，事務管理の強い影響を受けているということができます。

　ところで，民法 707 条の他人の債務の錯誤弁済という現象は，他者への貢献 “Do for others” という観点から考察すると，「有難迷惑」と「迷惑有難い」とが交錯する，非常に興味深い事例でもあるので，もう少し詳しく検討してみることにします。

　「有難迷惑」と「迷惑有難い」とが交錯する民法 707 条（他人の債務の錯誤弁済）が適用される典型的な事例というのは，図 18 のように，債権者Ｂが，債務者Ｃに対して債権を有していたという前提の下で，①第三者Ａが，自分が債務者だと思い込んだり，自分が債務者Ｃの保証人だと思い込んだりして（実際は，どちらでもない赤の他人），債務者Ｃの債務を弁済したという事例です（①，

②，③，④の番号は，図と，本文とで一致させています）。

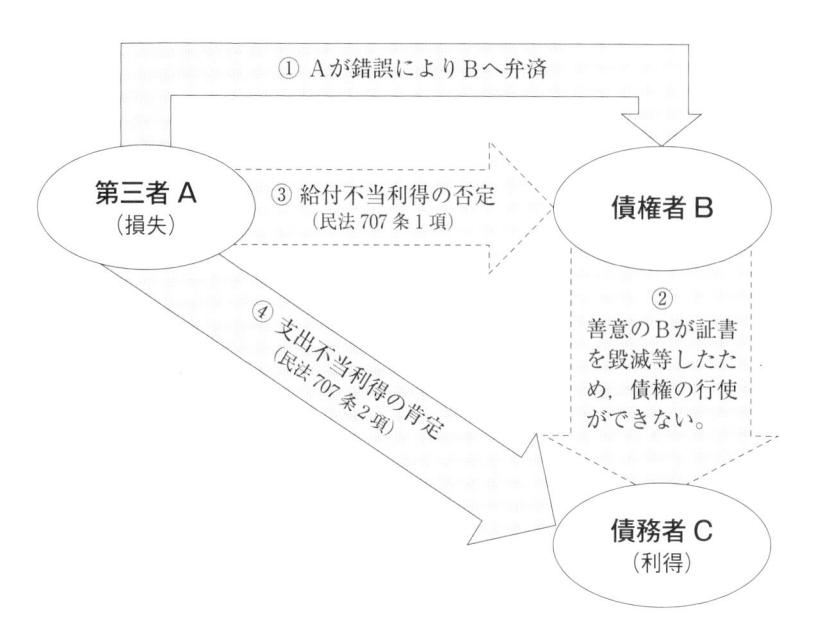

図18 「有難迷惑」と「迷惑有難い」との混在としての民法 707 条の構造

　②債権者Bは，債務者または債務者の保証人を名乗るAが債務を弁済してくれたので，債務者，または，保証人が弁済したと信じ，不要となった借用書などの証拠書類を処分したり，担保に取っていた抵当権を放棄したり，債務を時効によって消滅させてしまったりしたとします。Aが債務者や保証人であれば問題ないのですが，Aがそうでないとすると，複雑な問題が生じます。

　Bに対するAの弁済は錯誤により無効（改正後は，取消しによる無効）となり，債権者は弁済されたものをAに返還し，改めて，

債務者Cに対して債権を行使しなければならないということが想定されます。しかし，そうすると，債権者は，証書を処分したり，担保を放棄したり，債務を時効によって消滅されているため，債務者Cに対して権利を行使することができなくなっています。これが，Aの行為がBにとって「有難迷惑」となっているのです。

③そこで，民法は，有難迷惑を受けてピンチに立った債権者を保護するため，Aの不当利得に基づく返還請求権を否定します（民法707条1項）。

そうすると，今度は，Aの錯誤弁済によって債務の履行を免れた債務者Cは，「迷惑有難い」という恩恵に浴することになりますが，その一方で，Aが窮地に立たされることになります。

⑤そこで，民法は，錯誤弁済者を保護するために，AにCに対する求償権を与えています（民法707条2項）。

民法707条によるこのような一連の解決方法については，二つの解釈が成り立ちます。

第1は，善意の行為者の犠牲において，利得してはならないという不当利得の法理に基づいて，Bに対するCの債務を錯誤で弁済し，民法707条1項によって弁済したものの返還請求を否定されたAに対して，民法707条2項は，債務の弁済を免れたCに対する不当利得の返還請求権を認めた規定であると考える解釈です。

第2は，錯誤とはいえ，債務者Cのために弁済をし，民法707条1項によってBに対する返還請求を否定されたAを保護する必要があり，民法707条2項は，AのCに対する弁済をCに対する事務管理者とみなし，民法702条を準用して，管理者Aに本人Cに対する求償権を認めた規定であると考える解釈です。

　民法707条が不当利得の章にあることを考慮するならば，第1の解釈が妥当に見えます。しかし，民法707条2項の効果が，「返還請求権の行使を妨げない」ではなく，「求償権の行使を妨げない」とされている点に着目するならば，この規定は，不当利得の効果というよりは，みなし事務管理の効果とみる方が妥当のようにも思われます。

　他者への貢献"Do for others"という観点から見るならば，Aの行為は，債権者Bにとっては，確かに「有難迷惑」ではあるものの，債務者Cにとっては，「迷惑有難い」となっているのですから，Aの行為を事務管理とみなした規定とみるのが，本書の趣旨に合っているともいえます。

　いずれにしても，事務管理は，不当利得から派生したものですが，なお，不当利得の規定の中に大きな影響を与え続けているということ（事務管理は不当利得より出でて，なお，不当利得よりも利得者に厳しい）だけは，確かなことでしょう。

⑵　悪意の受益者の適合性原則に基づく事務管理義務（民法190条，704条）

　先に，事務管理の規定である民法701条が，委任の規定である民法646条（受任者による受取物の引渡し等）を準用している点について，事務管理は合意を欠く行為であるため，便宜的に委任契約の規定が準用されているけれども，正当な理由なしに生じた給付の返還が問題となっているのであって，その本質は，不当利得の返還請求であることを指摘し，不当利得から独立したはずの事務管理に，不当利得の影響が残っていることを論じました。

　しかも，この不当利得の内容は，果実を含む，受け取ったもの全部の返還であるため，民法703条の善意の受益者の返還請求ではなく，民法704条の悪意の受益者の返還請求の内容となっていることを指摘しました。そして，その理由は，事務管理者は，本人のために受け取ったものが，事務管理者である自分に帰属すべきものではなく，他人である本人に帰属すべきことを知って（悪意で）受け取っているから，悪意の受益者としての返還義務を負うことを明らかにしました。つまり，悪意の受益者は，事務管理者とみなされる（悪意の不当利得における「みなし事務管理」）と考えなければならないのです。

　このように考えると，民法701条によって準用されている民法646条の規定の本質は，不当利得の返還請求権であるという，事務管理の規定に残る不当利得の影響という側面だけでなく，反対に，不当利得の規定が事務管理によって大きく影響を受けていることを認めざるを得ません。

　すなわち，民法704条の受益者は，民法703条の善意の受益者とは異なり，たとえ，そのものが不可抗力によって滅失・損傷した場合であっても，受け取ったもの全部を返還しなければならず，収益を怠った果実の代価を償還しなければならない（民法191条1項）という理由は，実は，以下のように，悪意の受益者は，事務管理者とみなされるということから説明されることになります。

　そうすると，民法190条における悪意の占有者が負う重い責任をうまく説明することができます。なぜなら，民法704条，民法190条の悪意の受益者は，事務管理者とみなされるからこそ，その結果，民法697条1項によって，最も本人の利益に適合する方

法で事務を処理する義務，すなわち，受け取った現金に利息を付し，受け取った元物について果実を収取する義務を負わされことになるからです。つまり，民法190条が，悪意の占有者（悪意の受益者）は，「果実を返還し，かつ，既に消費し，過失によって損傷し，又は収取を怠った果実の代価を償還する義務を負う」と規定されているのは，悪意の占有者が事務管理者とみなされているからだというのが，筆者の考え方です。

(3)　準事務管理と悪意の不当利得との関係

この点について，事務管理を契約の一種として規定しているドイツ民法は，「他人のため」に他人の事務を管理する真正の事務管理との対比において，「自分のため」に他人の事務を管理する場合を非真正事務管理（unechte Geschäftsführung）として明文の規定を置いています（ドイツ民法687条）。すなわち，善意の（管理権限がないことを知らずに錯誤で行う）非真正事務管理（ドイツ民法687条1項），および，悪意の（管理権限がないことを知って行う）非真正事務管理（ドイツ民法687条2項）の双方を明文で規定し，後者についてのみ，事務管理の規定を準用しています。

ドイツ民法 第687条（非真正事務管理）

① ある人が，他人の事務を自己の事務だと信じて管理する場合には，第677条から第686条〔事務管理〕の規定を適用しない。

② ある人が，自分に権限がないことを知りつつ，他人の事務を管理する場合には，本人は，第677条〔適切な管理義務〕，

678条〔本人の意思に反する管理の場合の損害賠償義務〕，681条〔報告等の付随義務〕及び682条〔制限行為能力の返還義務〕から生じる権利を行使することができる。この場合には，本人は，管理者に対して，684条1文（不当利得返還）の義務を負う。

わが国では，後者の悪意の非真正事務管理（ドイツ民法687条2項）のことを「準事務管理」と呼んで，事務管理の規定を準用すべきだと主張する見解が存在します。

しかし，わが国は，ドイツ民法のように事務管理を契約としては位置づけおらず，しかも，悪意で自己のために他人の事務を管理する場合について，明文の規定を有していません（準用という用語は，厳密には，明文の規定によって他の条文を利用する場合の用語法であり，明文の規定なしに他の条文を利用するのは，類推に過ぎません）。したがって，わが国の解釈としては，これを不当利得として位置づけるほかなく，「悪意の不当利得」における「悪意の受益者」の意思解釈として，事務管理の意思を認めるか，若しくは，本人が事務管理として追認できると考えるか，または，民法704条において，「受益者が受けた利得を直ちに返還しない場合には，受益者を事務管理者とみなす」という明文の規定を設けるか，いずれかの立場をとるべきでしょう。

筆者としては，悪意の不当利得者は，本来，直ちに受益を返還すべき立場になるのですから，それにもかかわらず，受益を返還しないのであれば，事務管理をする意思を有すると解釈すべきであり（先行行為に矛盾する意思を認めないという意思解釈），さらに，そ

のことを明らかにするために，民法704条に，その点を明文化するという改正案を提案しています（筆者の民法704条の改正案（89-90頁）を参照してください）。

第4節 事務管理を中心にした相互関係のまとめ

　事務管理は，歴史的には，不当利得の一類型だとか，合意のない委任だと考えられてきましたが，わが国においては，不当利得，不法行為と並んで，契約外の債権・債務の発生原因として独立の地位が与えられています。

　しかし，事務管理の規定を子細に検討してみると，委任の規定が準用されたり（民法701条，702条2項），不当利得の考え方に基づいていたり（民法702条）と，その法的性質はあいまいなままであり，学説においても，事務管理の法的性質は，法律行為ではなく，不法行為と同様の事実行為であるとか，弁済と同様の準法律行為だとするものもあり，定説を見ないのが現状です。

　本書では，事務管理，不当利得，不法行為の相互関係を，上記のように，他者への貢献"Do for others"という視点から統一的に理解することを試みました。

　その結果として，事務管理には，確かに，委任に近い性質（民法701条，702条2項：委任の規定の準用），不当利得に近い性質（民法702条3項：本人の意思に反する事務管理における費用の償還請求），不法行為に近い性質（民法698条：注意義務の軽減）を有することが確認されました。しかし，それだけでなく，従来その性質が明らかであるとされてきた不当利得や不法行為の中に，性質があいまい

とされてきた事務管理の考え方が忍び込んでいることを発見することができました。

すなわち，法的性質が明らかとされている割には，説明が困難な不当利得の規定，例えば，悪意の不当利得に見られる不思議な規定（現実には存在しない「収取を怠った果実」の代価の返還（民法190条）とか，三者間不当利得における求償権（民法707条2項）とか，さらには，法的性質が最も明確であるとされてきた不法行為においても，共同不法行為にみられる不思議な規定（契約から生じる連帯債務の不法行為への準用（民法709条））などが，実は，性質があいまいとされる事務管理の観点から見ると，逆に，以下のように，うまく説明できることを発見することができたのです。

1 悪意の不当利得（民法704条，190条）における「みなし事務管理」

悪意の不当利得に関しては，悪意の受益者は，本来は，直ちに，受けた利益を返還する義務を負っています。それにもかかわらず，悪意の受益者は，受けた利益の返還を怠っているのです。したがって，その状態は，返還すべき他人のために受けた利益を管理している事務管理者とみなすことができます。

そのように考えると，悪意の受益者である事務管理者は，「最も本人の利益に適合する方法で」管理することが義務づけられているのですから，民法704条が，「受けた利益に利息を付して返還しなければならない」とか，そのような管理義務に違反した場合には，「なお損害を賠償しなければならない」ことをうまく説明できます。

　さらに，民法190条が，「収取を怠った果実の代価を償還する義務を負う」と規定していることも，同様にして，事務管理者の義務だと考えれば，うまく説明できるのです。

2　他人の債務の錯誤弁済（民法707条）における「みなし事務管理」

　他人の債務を錯誤で弁済し，債権者に「有難迷惑^{ありがためいわく}」をかけたこの弁済者は，民法707条1項で，債権者に対する不当利得返還請求権を否定されます（いわゆる自業自得）。

　他方で，この弁済者による弁済によって，債務者は債務の履行を免責されます。つまりこの弁済者の行為は，債権者にとっては「有難迷惑^{ありがためいわく}」だったのですが，債務者にとっては，「迷惑有難い」行為となっています。したがって，他人の債務の錯誤弁済者の地位を昇格させ，真正な他人債務の弁済者，すなわち，事務管理者とみなすと考えるのが穏当でしょう。

　このように考えると，民法707条2項が，不当利得の規定であれば使うべき「返還請求権の行使を妨げない」という用語を用いず，事務管理の用語である「求償権を妨げず」と規定していることも，うまく説明することができます。

3　不法原因給付（民法708条）における「みなし事務管理」

　現行民法の立法過程において，不当利得の返還請求を認めるべきか認めるべきでないかで，大激論が戦わされたのは，民法708条（不法原因給付）の審議でした。

　法典調査会の審議において，「不法な原因のために給付をした

者」（不法原因給付者）の行為は，自業自得であり，不法原因給付者は，裁判所の判断を煩わせる資格がないという理由で，民法708条本文は，不法原因給付者の不当利得返還請求を否定しています。それにもかかわらず，民法708条ただし書きにおいて，「不法な原因が受益者についてのみ存したとき」，さらには，判例によって，「不法な原因が給付者よりも受益者の方が大きい場合」に，返還請求が認められています（最判昭29・8・31民集8巻8号1557頁）。この相反する現象について，双方ともに成り立つように説明できる理論は存在しません。

なぜなら，民法708条ただし書きの解釈として，不法な原因が給付者よりも受益者の方が大きい場合に返還請求を認めるのであれば，これまで正しいとされてきた，不法原因給付者の行為は自業自得であるとか，不法原因給付者は，裁判所の判断を煩わせる資格がないという理由は成り立たなくなり，708条本文において，返還請求を認めない論拠が失われてしまうからです。

つまり，不法原因給付の場合には，それに関連する契約は無効なのですから，委任契約を説明の根拠とすることもできませんし，不当利得は，返還を認めるか認めないかという効果しか生じさせることができないのですから，708条の本文とただし書きを同時に説明できる不当利得の理論は存在しないのです。

ところが，この場合においても，契約外債権・債務の発生原因であるために，無効の壁を突破できる事務管理が，説明の道具として，本領を発揮できるのです。

なぜなら，もしも，不法原因の受益者を事務管理者，不法原因の給付者を本人とみなすならば，事務管理者（不法原因受益者）は，

本人（不法原因給付者）に対して，報酬は請求できないけれども，費用償還を請求できるからです。すなわち，事務管理者（不法原因受益者）は，報酬は請求できないのですが，民法 702 条によって費用償還請求権を有するのですから，受け取った不当な利益は返還しなければなりませんが，費用の償還請求ができるため，結果としては，受け取った報酬額から費用相当額を差し引いて返還すればよいことになります。つまり，不法原因に基づく報酬契約は無効だが，費用償還請求は事務管理として有効となると考えれば，判例の考え方を含めて，民法 708 条の本文とただし書きをうまく説明できます。

　このように考えると，最近話題となった裏口入学事件（立法時においても，弁護士試験問題漏えい事件が存在していたし，その後の事件としては，裏口入学に関する東京ゼミナール事件（東京地判昭 56・12・10 判タ 455 号 91 頁）も有名である）においても，不法原因給付による受益者は利益を不当利得として返還すべきですが（民法 703 条，704 条），費用については償還請求権に基づいて保持できることになるので，民法 708 条の本文とただし書きの双方を矛盾なく説明することができることになります。

4　共同不法行為における「みなし事務管理」

　先に取り上げた裏口入学事件に関する不法原因給付の問題は，別の観点からの説明も可能です。

　裏口入学による入学は，もしも，そのような不法行為がなければ，本来合格すべき人が不合格となるという意味で，共同不法行為の性質も有しています。

　裏口入学工作を行った不法原因給付者と受益者は，それが成功した場合には，本来合格すべき人を不合格にしているのですから，共同不法行為を働いていることになります。そうすると，双方とも，上記の不合格者に対して連帯して損害賠償をする責任を負い，最終的には，寄与割合に応じて，求償権を有する関係となります。

　このように考えた場合には，現行民法の起草委員であり，民法708条本文の削除を提案していた梅謙次郎が指摘していたように，民法708条本文の不当性が明らかとなります。なぜなら，民法708条本文は，共同不法行為者の一人である不法原因給付者の求償権を否定するに等しいものだからです。

　したがって，先に述べたように，不法原因に関する給付者と受益者との関係を本人と事務管理者とみなし，不当利得の返還について，費用を差し引くという解決法は，共同不法行為者間の求償関係を認めたのと同じ結論を導くことができます。しかも，共同不法行為における不法行為者間の求償関係と同様に，事務管理における報酬と費用との区別によって利益と損失とを調整する考え方には，不当利得による返還を認めるか認めないかというオール・オア・ナッシングには見られない，利益と損失との微妙な調整機能があることがわかります。

5　不当利得と共同不法行為を補完する「みなし事務管理」

　従来の考え方によれば，民法の最後の受け皿は，不当利得であるとされてきました。すなわち，契約からはみ出す契約不成立，契約の取消し・無効は，給付不当利得が受け皿となり，故意とか過失とかの要件を満たさない侵害行為については，侵害不当利得

が受け皿となり，本人のためにする意思がない管理行為について
は，支出不当利得が受け皿となって，不公正な結果が生じないよ
うに不当利得が矯正を行うと考えられてきたのです。

　しかし，本書のように，不当利得から独立した債権・債務の発
生原因となった事務管理に対して，「みなし事務管理」をいう考
え方を活用すると，純粋な不当利得理論によっては説明が困難な
問題，すなわち，悪意の不当利得における実際の利得が存在して
いない利益の返還請求などの問題も，うまく説明できます。その
ことは，これまでの考え方とは逆に，事務管理が不当利得を補完
しているということになります。

　さらに，不法原因給付のように，契約法が機能できない領域に
おいて，オール・オア・ナッシングの解決しかできない不当利得
に変わって，費用と報酬とを峻別し，差し引き計算によって量的
にも妥当な結果を導く事ができる事務管理は，この場合において
も，不当利得を補完する機能を有していることに気づくことがで
きます。

　このように考えると，事務管理が不当利得から独立するまでは，
契約と不法行為の足らない部分を補完するのは，不当利得であっ
たのですが，事務管理が不当利得から独立した現在においては，
不当利得自体が事務管理の考え方によって補完されていることに
気づかされます。

　以上の考察を通じて，本書のテーマである他者への貢献 "Do
for others" において中心的な役割を演じるのは，事務管理であ
り，その出自である不当利得と，損害が生じた場合の責任を規定
する不法行為が，事務管理の考え方を裏から支えていると考える

ことができるのではないでしょうか。「事務管理は，不当利得より出でて，なお，不当利得にまさる利害調整機能を有す」というのが，事務管理，不当利得，不法行為の相互関係の考察から得られた重要な成果の一つだと思われます。

第4章

他者への貢献 "Do for others" に関する法教育の課題と展望

第1節 法教育・学習方法の改善案

1 二つのタイプの法教育・学習法と問題点

これまで，法律の教育・学習は，条文から始めて，その意味を立法理由および具体例としての判例を参照しながら理解することをもって終わりとすることが多かったと思います。このような学習法は，条文から具体的事例に到達するので，これをトップ・ダウン式の学習法と呼ぶことにします。しかし，これでは，実際の事件に直面した時に，どの条文を適用して，その事件を解決に導く事ができるのかを理解することはできません。法学部の出身者が「つぶしが効く」と言われながらも，実務で期待された本領を発揮できないのは，理論倒れに終わっているからです。

そこで，講義以外の教育・学習方法として，ゼミ（演習）の時間には，先の教育・学習方法とは逆に，具体的な事例とか判例とかからスタートして，具体的な事例に適用されるべき条文を探索するという教育・学習方法が採用されています。これをボトム・アップ式の学習方法と呼ぶことにします（法律学習方法の先駆的な

教科書としては，[ハフト・法律学習法（1992）]を参照してください。また，トップ・ダウン式の学習法，ボトム・アップ式の学習法については，[加賀山・ひゃくみん（2017）15頁]を参照してください）。

　ゼミの学習では，事例に適用されるべき条文が見つかると，その条文が実際に適用された判例を検索します。そして，判例の事実と検討すべき具体的な事例と比較しながら，適用すべき条文を一つに固定することなく，むしろ，反対の結論を導く条文をも探索し，その条文を適用した場合と最初に検索した条文を適用した場合の具体的解決の違いを考慮しながら，議論を重ねます。その上で，最終的に，妥当な結論を導くことの出来る適用条文と解決案を導くという教育・学習方法が行われてきました。

　このような教育・学習方法は，具体的な事例から始めて，適用されるべき条文とその適用による解決案を導くというボトム・アップ式の学習であるという点で優れているのですが，以下の二つの点で問題を残しています。

　第１点は，ゼミでの教育・学習は，少人数で行うことが必要であり，学生は，一つのゼミに所属するのが普通で，4年間の学習期間に，多くても，二つか三つの科目しか選択できないことです。

　しかし，法律の分野は，非常に多いので，二つか三つしかゼミを選択できないのでは，その他の科目において，ボトム・アップ式の学習を身につけることはできません。

　第２点は，取り上げられる事例が，生の事例ではなく，生の事例の中から科目以外の分野にわたる部分が切り落とされ，教員が教えることができる部分だけに限定された，いわば，教員が扱うのに都合のよい事例に加工されていることです。

　しかし，生の事件をそのまま取り上げるのではなく，教員が教えやすいように，他の分野にわたる部分を切り落としたり，変更したりしてしまうと，学習者の応用能力が限定されてしまいます。

　そこで，ゼミの学習において，生の事件を取り扱うためには，一つの方法としては，分野の異なる複数の教員が協力して指導に当たることが考えられます。しかし，このためには2倍以上の人材と予算を確保しなければならないという難問を解決しなければなりません。もう一つの方法は，教員は教えることを諦め，学生と一緒になって，学習する側に回り，対等な立場で議論したり，自分の専門分野については，アドバイスをしたりするというように，ゼミを学生と教員が互いに学び合う場へと変更していく方法があります（アクティブラーニングの採用）。この場合には，学ぶ側に回る教員になぜ高い給与を与えなければならないのかという難問を解決しなければなりません。もちろん，この場合の教員はコーチとしての給与を受け取ることになるのですが，その場合には，教員がコーチ役に徹するというのであれば，モラルハザード（過保護の制度によって生じる人々の腐敗）を回避するため，10年ごとの更新制に移行すべきではないのかという難問が待ち構えています。

　いずれにせよ，従来の一方通行の講義による画一的な教育の弊害が限界に達していることは明らかであり，法教育・学習方法において，従来型のトップ・ダウン式の学習方法と並行して，新しいボトム・アップ式の学習方法を採用すべき時代に差し掛かっていることは認めざるを得ません（法教育の方法論については，［加賀山・法教育の必要性（2012）3-36頁］，［加賀山・法科大学院の経験を学部

教育に活かす（2014）1-31 頁］を参照してください）。

　本書が，従来の法律書のように，すでに答えが明らかとなっている判例を用いるのではなく，最初から，メディアで報道された生の事例（土俵に女性が上がって救護活動をした事例）を取り上げ，その事例に適用されるべき複数の条文を示唆し，それらの条文が，民法全体においてどのように位置づけられるべきかを探究しているのは，本書の読者が，新しい法教育・学習方法を体験できるようにするための工夫の一つなのです。

2　事例に条文を適用できる能力を養うための条文の具体的な学習方法

　現実の世界で紛争が生じ，その解決が困難となり，出るところに出て解決せざるを得なくなった場合に，最後の頼みとなるのは，法令の条文です。

　なぜなら，憲法 76 条 3 項は，「すべて裁判官は，……この憲法及び法律にのみ拘束される」と規定しており，裁判官は，法令の条文に基づいて判決を下すからです。

　したがって，学習を条文から始める場合の目標は，その条文がどのような事例に適用されるかを理解することです。その目標を達成するためには，学習者は，条文を読むときに，さっと目を通すだけで次に進むという悪弊に染まらないように注意すべきです。

　法律の教科書を読んでいて，はじめて見る条文が引用されている場合には，教科書にしおりを挟んで，いったん教科書を閉じましょう。そして，即座に六法を開き，該当条文をゆっくりと音読しましょう。そして，もしも，条文の意味がよく分からない場合

には，迷うことなく，座右に置いておくべき注釈書（例えば，〔我妻＝有泉＝清水・コンメンタール民法（2018）〕など）を読んで，立法者が想定した典型的な事例とか，自分が今までに経験した事例を頭に描き，条文の用語ごとにその事例の事実を当てはめながら読む練習をすべきです。

　抽象的な説明では埒があかないので，本書で何度も取り上げている黄金律を具体化している民法 697 条を読む場合を例にとって，具体的な方法を紹介することにしましょう。

　本書で最初に出てくる事例〔土俵上で女性が救護活動を行う事件〕において，民法 697 条という条文に出会った場合には，土俵上での女性の救護活動の例を思い浮かべながら，以下のように，条文本文とともに〔　〕内で示した事実を一緒に読み上げることこそが，条文を理解するための最上の方法なのです。試しに，以下の文章を，六法を参照しながら，音読してみてください。

◆ 土俵事件を民法で読んでみよう ◆

> **第 697 条**（事務管理）〔例えば，土俵上での女性の救護活動の例〕
> ① 義務なく〔すなわち，土俵に上がった二人の女性は，救護活動を義務づけられていたわけではない〕他人〔すなわち，土俵上で倒れた舞鶴市長〕のために事務の管理〔すなわち，救護活動〕を始めた者（管理者）は，その事務の性質〔すなわち，人命の救助〕に従い，最も本人の利益に適合する方法〔すなわち，心臓マッサージ〕によって，その事務の管理（事務管理）をしなければならない。……

> **第700条**（管理者による事務管理の継続）
> 管理者〔すなわち，土俵に上がって心臓マッサージを始めた女性二人〕は，本人〔すなわち，舞鶴市長〕又はその相続人若しくは法定代理人が管理をすることができるに至るまで〔すなわち，男性の救護班が本人のために救護活動ができるようになるまで〕，事務管理を継続しなければならない〔すなわち，場内アナウンスを無視しても，心臓マッサージを継続しなければならない〕。……

　このように，条文の用語ごとに，想定した事例の事実を当てはめながら読む習慣を養うことによって，実際の事例に直面した時に，どの法律のどの条文のどの箇所が，直面する事実に当てはまっているのかを見抜くことができるようになるのです。

3　条文の理解は編別にはこだわらず，全体における位置づけを大切に

　条文の理解は，その条文の具体例による理解とともに，その条文を全体の中で位置づけることによって，さらに促進されます。

　例えば，民法702条3項は，事務管理の章の中で規定されていますが，本人の意思に反した管理者による費用償還請求の問題ですから，その実質は，まともな事務管理（本人の意思に従った管理）ではないため，事務管理を外れた場合の受け皿である不当利得が受け止めるべき問題です。

　立法当時の議論を参照してみると，管理者が本人の意思に反して事務管理をしたが，その結果は本人にとって有益であったとい

う場合を，「有難迷惑（ありがためいわく）」をもじって，「迷惑有難い」と表現し，削除論の出鼻をくじいていることがわかります（普段は真面目一方な穂積陳重起草委員が，「有難迷惑（ありがためいわく）」を理由に，強烈に民法 702 条 3 項の削除説を唱える土方寧委員に対して，思わず漏らしたユーモアに溢れる表現です）[法典調査会・民法議事速記録五（1984）143 頁]。

　しかし，民法 702 条 3 項の規定は，正常な事務管理の場合と対比する方が便利なためという理由だけで，事務管理の本来の要件を欠いている「本人の意思に反する事務管理」が，事務管理の章の中に，便宜上，規定されているに過ぎません。そして，この場合の管理者による費用償還請求権（実質的には，不当利得の返還請求権）は，意思を無視された本人を保護するために，「本人が現に利益を受けている限度」と規定されているように，事務管理というよりも，本人（受益者）を保護するために，不当利得による返還請求の範囲を制限した規定として位置づけることが重要です。

　このように，条文を理解する場合には，法律の編別に捕らわれることなく，全体の中での位置づけをすると，条文の意味をより深く理解することができます。

　もう一つの例を挙げると，民法 707 条 2 項は，不当利得の中で規定されていますが，その効果は，錯誤によるとはいえ，他人の債務の弁済者に対して，債務者に求償権を与える規定となっています。したがって，この条文の性質は，錯誤に陥った弁済者に錯誤を追認する権利を与えて，本来の事務管理者（他人の債務の弁済者）と同等の権利を与えたもの，すなわち，「みなし事務管理」の規定であると考えることによって，その本質を理解することができると思われます。

第２節 民法条文の構造の統一化案

1　民法の条文が市民にとってわかりにくい原因

民法の条文が，市民にとってわかりにくい原因は，第１に，民法には，現代に制定されたほとんどすべての法律が有している法律の「目的」とか法律の「趣旨」を宣言する条文が欠けており，第２に，重要な用語の定義規定が欠けているからです。

民法に比較して，最近に制定された法律は，そのほとんどが，第１条で，その法律の「目的」とか法律の「趣旨」を明示しており，第２条で，その法律に出現する重要な用語の定義がなされています。

したがって，民法においても，第１に，民法の目的・趣旨を明確に宣言する規定を追加するとともに，第２に，重要な法律用語の定義規定を追加すべきです。

第１点については，例えば，民法第１条を以下のように改正すれば［加賀山・ひゃくみん（2017）29 頁］，民法の目的・趣旨が明確となり，民法通則（現行民法１条，２条）の位置づけが明確となります（下線部が現行民法との違いです）。

第１条 （目的）
　この法律は，私権を享受する主体及び私権の客体，並びに，私権の発生，変更及び消滅を規定することを通じて，個人の尊厳と両性の本質的平等を実現することを目的とする。
第１条の２ （私権の行使及びその制限）
　① 私権は，公共の福祉に適合しなければならない。

> ② 権利の行使及び義務の履行は，信義に従い誠実に行わなければならない。
> ③ 権利の濫用は，これを許さない。
> **第2条** （解釈の基準）
> 　この法律は，個人の尊厳と両性の本質的平等を旨として，解釈しなければならない。

　今後の民法改正によって，このような民法の「目的」規定が創設され，現行民法の通則（民法1条・2条）の位置づけが明確となれば，民法学習にも明確な目標が与えられ，民法学習に弾みがつくと思われます。

　第2点については，旧民法の規定のあり方に立ち返るべきであると考えます。旧民法においては，重要な用語については，逐一定義規定を置いていました。現行民法は，このような定義を，学説に委ねるべきだとして，旧民法が規定していた法律用語の定義のほとんどを削除してしまいました。しかし，このことが，市民にとって民法をわかりにくくしているのです。

　もっとも，例外的に民法にも定義規定が残っています。それが，民法85条（物の定義）であり，その他にも，各章とか節の冒頭条文において，「○○の内容」とか，「○○の要件」とか，条文見出しが章とか節とかのタイトルと同じ場合（例えば，贈与，売買，交換，……和解など）には，その条文は，実は，用語の定義規定を兼ねています。

　しかし，そのような定義規定の数は限られており，重要な用語には，すべての冒頭条文において定義を規定することが必要であ

ると思われます。

　ところで，民法の唯一とされる定義規定である民法85条は，「物とは有体物をいう」という，知的財産立国を目指すわが国にとって，致命的とも思われる欠陥を犯しています。

　現行民法に先立つ旧民法 (財産編第6条) においてさえ，「物に有体なる有り，無体なる有り」と規定されていたのですから，旧民法に立ち返って，現行民法を以下のように改正すべきだと，筆者は考えています。

民法85条 (物の定義) (加賀山改正私案)
　① 物とは，有体物又は無体物をいう。
　　一　有体物とは，人が管理することができるもののうち，固体，液体，気体をいう。
　　二　無体物とは，人が管理することができるもののうち，有体物でないものをいう。
　② 所有権の目的物は，有体物に限定される。
　③ 所有権以外の権利の目的物は，有体物だけでなく，無体物とすることができる。

　このような定義規定を各章・節・款等の冒頭条文に配置することによって，一般市民の民法に対する理解は，格段に深まると思われます。

2　民法を市民にとってわかりやすくするための条文構造の統一化の試み

　市民にとって民法が分かりにくくなっている，もう一つの原因

は，第 2 の原因である定義規定の欠如とも関連しますが，条文における抽象的な表現のわかりにくさを解消するための具体例の例示が極端に少ないためです。

　確かに，具体例は，すべてを尽くすことが困難であるという難点がありますが，抽象的な表現を理解する上で欠かせないものです。旧民法では，そのような努力が積み重ねられていたのですから，もう一度，そこに立ち返って考察し直すならば，決してできないことではありません。

　ここでは，具体例の例示が重要であることを明らかにするために，民法 770 条（裁判上の離婚）の規定を例にとって解説し，さらに，この条文が，例示を取り入れているにもかかわらず，依然として，市民にとって分かりにくくなっている理由と，それを改善する方法を提案することにします（詳細については，［加賀山・民法学習法入門（2007）48-53 頁］および［加賀山・ひゃくみん（2017）155-158 頁］を参照してください）。

　民法 770 条（裁判上の離婚）には，**民法の理想的な条文の表現形式**（抽象的な唯一要件とともに，その具体例を例示するというスタイル）が採用されています。もちろん，この条文（民法 770 条）には，まだまだ改善の余地は残されていますが，この条文を深く理解するならば，民法の法律要件と法律効果についての条文の起草の表現方法をマスターすることができるようになります。

　第 770 条（裁判上の離婚）

①　夫婦の一方は，次に掲げる場合に限り，離婚の訴えを提起することができる。

　一　配偶者に不貞な行為があったとき。

　二　配偶者から悪意で遺棄されたとき。

　三　配偶者の生死が３年以上明らかでないとき。

　四　配偶者が強度の精神病にかかり，回復の見込みがない
　　　とき。

　五　その他婚姻を継続し難い重大な事由があるとき。

② 裁判所は，前項第１号から第４号までに掲げる事由がある
　場合であっても，一切の事情を考慮して婚姻の継続を相当
　と認めるときは，離婚の請求を棄却することができる。

　民法770条第１項は，一見すると，五つの離婚原因が並列的に
並べられているように見えます。しかし，第２項を読むと，五つ
の離婚原因が二つのタイプに分かれていることがわかります。

　第１は，第１項第１号～第４号までの離婚原因であり，第２項
によると，これらの要件は，「一切の事情を考慮して婚姻の継続
を相当と認めるときは，離婚の請求を棄却することができる」と
されており，必ずしも，離婚が認められる要件ではないことがわ
かります。

　法律要件というのは，それが認められたときは，必ず，その法
律効果が生じるものをいうのですから，民法770条１項の離婚原
因のうち，第１号～第４号に記載されているものは，真の意味で
の法律要件ではないということになります。

　第２は，第１項第５号の離婚原因です。民法770条第２項は，
第１号から第４号までとは反対に，第５号（婚姻を継続しがたい重
大な事由）については，何の制約も課していません。つまり，第

5 号に該当する場合には，裁判所は，必ず離婚の請求を認めなければならないのであって，これこそが真の離婚原因なのです。それでは，民法は，なぜこのような複雑な規定をしているのでしょうか。

その理由は，真の法律要件である第 1 項第 5 号が，「婚姻を継続し難い重大な事由があるとき」というように，非常に抽象的な概念で構成されているからです。そこで，民法は，離婚原因を具体的でわかりやすい順に並べたのです。

しかし，このような規定の仕方は，立法者の意図に反して，かえってわかりにくくなっている上に，上から順番に強い離婚原因であるかのような誤解を与えるおそれがあります。

そこで，民法の条文の起草スタイルとして，以下のような，最もわかりやすく，誤解が少ない方法を紹介することにします。

民法の条文の理想的な起草スタイルは，以下枠で囲った方法だと，筆者は考えています。このスタイルに従うと，民法の条文を誤解が生じないように，わかりやすく書き直すことができるようになります。

1．真の法律要件（抽象的でよい），および，法律効果を明確に記述する。
2．真の法律要件を分かりやすくするため，それを推定させる具体例を例示する。

上記のスタイルに従って民法 770 条をわかりやすく書き換えてみます。

> **第 770 条**（裁判上の離婚）の改正のための第一次案
> ① 夫婦の一方は，婚姻を継続し難い重大な事由があるときに限り，離婚の訴えを提起することができる。
> ② 以下の各号に該当する場合には，婚姻を継続し難い重大な事由があるものと推定する。
> 　一　配偶者に不貞な行為があったとき。
> 　二　配偶者から悪意で遺棄されたとき。
> 　三　配偶者の生死が 3 年以上明らかでないとき。
> 　四　配偶者が強度の精神病にかかり，回復の見込みがないとき。

　上記の改正案の方が，現行民法 770 条よりも，わかりやすいと思います。なぜなら，第 1 項で，裁判上の真の法律要件である離婚原因とその法律効果である裁判上の離婚が明確にされている上に，第 2 項で，真の法律要件が法律上推定される具体例が書かれているからです。

　このように，上記のような条文の書き換え原則を採用すると，真の法律要件が何かがわかりやすくなるばかりでなく，真の法律要件を法律上推定する具体例（例えば，DV（ドメスティック・ヴァイオレンス：domestic violence）（最三判昭 33・2・25 家月 10 巻 2 号 39 頁（離婚請求事件），具体的な事案については，広島高判昭 31・4・27 家月 10 巻 2 号 40 頁参照））とか，配偶者の一方の家事・育児に対する非協力とか）の離婚原因を追加したり，不適合となったものを削除したりすることが容易となります。

　さらに，書き換え原則を活用できるようになると，以下のよう

に，民法770条を現代社会の婚姻に適合するように改正する案を提言することも容易となります。

　理想的な起草スタイルの具体例（民法770条の改正案）は，以下の通りです。

第770条（裁判上の離婚）（加賀山改正私案）

① 夫婦の一方は，婚姻を継続し難い重大な事由があるときに限り，離婚の訴えを提起することができる。

② 以下の各号に該当する場合には，婚姻を継続し難い重大な事由があるものと推定する。

　一　配偶者に不貞な行為があったとき。

　一の二　配偶者から虐待を受けたとき。

　二　配偶者から悪意で遺棄されたとき。

　二の二　配偶者が，第752条の規定に違反して，協力義務を履行しないとき。

　二の三　配偶者が，第760条の規定に違反して，婚姻費用の分担義務を履行しないとき。

　三　配偶者の生死が3年以上明らかでないとき。

　三の二　夫婦が5年以上別居しているとき。（←民法改正要綱案参照）

　四　配偶者が強度の精神病にかかり，回復の見込みがないとき。

③ 裁判所は，前項各号に掲げる事由がある場合であっても，一切の事情を考慮して婚姻の継続を相当と認めるときは，離婚の請求を棄却することができる。

　すでに旧民法の多くの規定が実現していたように，現行民法の

すべての条文を，①抽象的な真の法律要件と②それを法律上推定させる具体的な要件との組み合わせによって，一般市民にもわかりやすい条文に書き換えることが，今後の課題となると，筆者は考えています。

　なお，条文の起草のスタイルに関心がある読者は，民法 612 条に関する判例法理（土地の賃借人が賃貸人の承諾を得ることなくその賃借地を他に転貸した場合においても，賃借人の行為を賃貸人に対する背信行為と認めるに足りない特段の事情があるときは，賃貸人は民法 612 条 2 項による解除権を行使し得ない（最一判昭 41・1・27 民集 20 巻 1 号 136 頁）)を取り込んで，民法 612 条の改正案を起草してみるとよいでしょう（解答については，［加賀山・ひゃくみん（2017）128 頁］を参照してください）。

3　制度間の相互関係の明示の必要性

　これまでの条文の書き方・読み方は，条文ごとに示されている準用規定とか，六法の編集者によって条文の後に付加されている参照条文とか，条文間の関係を論じるだけで，その背景となっている制度やその趣旨についての相互関係を条文で明示したり，解釈したりすることを怠っていたように思われます。

　例えば，事務管理の規定は，歴史的には，不当利得の規定から分離独立したのですが，独立した章として誕生したとたんに，不当利得との関係，さらには，事務管理によって不当利得が受けている影響については，規定の不備があるにもかかわらず，解釈論においても，その点を論じることが少なくなっています。

　また，不法行為の制度が不当利得によって制限されている場面

（民法191条の善意の占有者の責任の制限）においても，それが，事務管理と関係していることについての考察は皆無でした。

しかし，本書のように，事務管理，不当利得，不法行為を他者への貢献"Do for others"という視点から総合的に考察すると，事務管理の中に残されている不当利得の考え方（民法702条，特に，702条3項）が浮き彫りになりますし，反対に，不当利得の中に残されている事務管理の考え方（民法704条，707条）にも気づくことができます。

さらには，不法行為に及ぼしている事務管理の考え方の発見など，それぞれの規定が相互に密接に関連しており，最終的には，すべての人の人生の大きな目標である，他者への貢献"Do for others"を実現するために必要な体系的なルール群を形成していることに気づくことができます。

したがって，今後の民法改正においては，条文同士の相互関係だけでなく，その背景にある制度とか制度の趣旨の間の関係を明らかにする方法を模索する必要があると思います。

第3節　民法（契約外の債権・債務関係）改正案

民法の条文は，一般の人が読んでも理解が困難であるとよくいわれます。民法学も学問である以上，日常用語では使われない用語が出てきたり，使われている用語が厳密に定義されているため，日常用語とは異なる意味を持っていたりすることは避けられません。

しかし，先に述べたように，民法の条文は，工夫次第では，素

人にとって，もっとわかりやすく改正することは可能です。

　本書で取り上げた事務管理の冒頭条文（民法697条）を例に取れば，条文の１項と２項の順序が，原則と例外という考え方からは逆になっていたり（民法697条の１項と２項とは順序を逆にして，証明主題を変更する方が分かりやすい），不当利得の条文については，効果が肯定される場合と否定される場合があるのに，否定される場合のみ書かれていたりする（不当利得の条文は，特に，民法705条〜708条は，この弊害が顕著に表れています）ので，これらの条文をわかりやすく改善することは困難ではありません。

　記述が少々脱線しますが，法律学を学ぶ楽しさは，以下の二つの事実に起因していると筆者は考えています。

　第1に，法律学の特色は，その学習対象が，宗教の聖典と同様に，一義的に決定されているということです。

　民法を学ぶ場合，その条文も，その解釈としての判例もすべて公文書に記載され，しかも，法律も判例も著作権の対象とならないため（著作権法13条），すべての国民が，無料で自由に利用できる点にあります（インターネットを利用した高度な民法学習の方法については，［佐野・明治民法情報基盤（2016）］を参照してください）。

　第2に，法律学の特色は，学習対象である条文が，宗教の聖典とは異なり，民主的な手続きによって，いつでも，変更が可能だということです。

　このように，いったん決められたことは全ての人がそれを遵守する義務を負うが，解釈の限りを尽くしても，それが，社会の進展にそぐわないと判断した場合には，いつでも，条文自体

を民主的な手続きを通じて変更することができるというのが，法律学の最大の特色なのです。

　筆者は，このような法律学の特色（すべての国民の著作権を保護するが，自分自身は著作権の保護を受けないという法律のあり方が，他者への貢献 “Do for others” の精神に近い）を高く評価し，法の研究・教育にのめり込んでいるのです。

　そして，いったん決まった法律には従うが，神ならぬ人間が決めた法律が完全ではない以上，立法の過誤と思われる点については，立法の体系的理解を前提に，解釈論を使って最大限のフォローをする。しかし，解釈に限界が生じた場合には，迷うことなく，法律の改正案を提示するというのが，筆者の信条です。

そこで，本書では，他者への貢献 “Do for others” に関連する事務管理，不当利得，不法行為に関するすべての条文について，市民にとってわかりやすくするという視点から，改正案を提示することにします。

　下線部分は，現行法に対する改善箇所であり，この部分が現行民法との違いです。

1　事務管理に関する民法改正案（加賀山私案）

第 697 条（事務管理）

① 義務なく他人のために事務の管理を始めた者（以下この章において「管理者」という。）は，善良な管理者の注意をもって，本人の意思に従って，その事務の管理（以下「事務管理」とい

う。）をしなければならない。

② 管理者が本人の意思を<u>知らないとき又はそれを推知することができない</u>ときは，その事務の性質に従い，最も本人の利益に適合する方法によって，事務管理をしなければならない。

第 698 条（緊急事務管理）

① 管理者は，本人の<u>生命</u>，身体，<u>自由</u>，名誉又は財産に対する急迫の危害を免れさせるために事務管理をしたときは，悪意又は重大な過失があるのでなければ，これによって生じた損害を賠償する責任を負わない。

② <u>前項の規定にもかかわらず，管理の内容に関しては，管理者は，前条の規定の趣旨に基づき，次条以下の規定に従って管理を行う義務を負うとともに，本人に対する権利を有する。</u>

第 699 条（管理者の通知義務）

管理者は，事務管理を始めたことを遅滞なく本人に通知しなければならない。ただし，<u>本人，代理人，承継人</u>が既にこれを知っているときは，この限りでない。

第 700 条（管理者による事務管理の継続）

管理者は，本人又はその<u>代理人若しくは承継人</u>が管理をすることができるに至るまで，事務管理を継続しなければならない。ただし，事務管理の継続が本人の意思に反し，又は本人に不利であることが明らかであるときは，この限りでない。

第 701 条（委任の規定の準用）

第 645 条（受任者による報告），第 646 条（受任者による受取物の引

渡及び取得した権利の移転義務）及び第647条（受任者の金銭の消費についての責任，すなわち，利益相反行為の禁止）の規定は，事務管理について準用する。

第702条（管理者による費用の償還請求等）

①　管理者は，本人のために<u>必要費又は有益費を支出したとき</u>は，本人に対し，その償還を請求することができる。

②　第650条第２項〔<u>受任者の負担を免責する委任者の義務</u>〕の規定は，管理者が本人のために有益な債務を負担した場合について準用する。

③　管理者が本人の意思に反して事務管理をしたときは，本人が現に利益を<u>享受し</u>ている限度においてのみ，前２項の規定を適用する。<u>返還すべき時の現状において，返還すべき物又は代価を返還する義務を負う。</u>

２　不当利得に関する民法改正案（加賀山私案）

第703条（一般不当利得の返還義務）

<u>正当</u>の原因なく他人の財産又は労務によって利益を受け，そのために他人に損失を及ぼした者（以下この章において「受益者」という。）は，その利益を<u>享受した</u>限度において，これを返還する義務を負う。

第704条（悪意の受益者の返還義務<u>等の拡張</u>）

①　悪意の受益者は，その受けた利益<u>すべて</u>に利息を付して返還しなければならない。この場合において，<u>受益者が受けた利益すべてを直ちに返還しない場合には，受益者を事務管理者とみなし，受益者は，その利益を損失者の最も利益</u>

に適合する方法で管理し，得られた利益（果実を含む）を損
失者に返還しなければならない。

② 前項の場合において，なお損失者に損害（マイナスの利益）
があるときは，その損害は，受益者に生じた利益とみなし，
受益者は，それを返還しなければならない。

第705条（債務が存在しないのにした給付（非債弁済））

　債務が存在しないのに債務の弁済として給付をした者は，その
給付したものの返還を請求できる。ただし，その者が，給付の時
において債務の存在しないことを知っていたときは，この限りで
ない（その給付したものの返還を請求することができない）。

第706条（債務は存在するが，期限前にした弁済（期限前弁済））

　債務者は，弁済期にない債務の弁済として給付をしたときは，
債務が存在する以上，その給付したものの返還を請求することが
できない。ただし，債務者が錯誤によってその給付をしたときは，
債権者が，すでに利息の天引きをしていたなど，これによって利
益を得ることになる場合には，債権者は，その利益を返還しなけ
ればならない。

第707条（存在する他人の債務の錯誤弁済（他人の債務の弁済））

① 債務者でない者が他人の債務を錯誤によって弁済したとき
は，その弁済した者は，その給付したものの返還を請求で
きる。ただし，弁済を受けた債権者が，善意で証書を滅失
させ若しくは損傷し，担保を放棄し，又は時効によってそ
の債権を失ったときは，この限りでない（その弁済をした者は，
返還を請求することができない）。

② 前項の規定は，弁済をした者が，それを事務管理とみなし

　　て，債務者に対する求償権を行使することを妨げない。

第708条（不法な原因のために債務が存在しない場合の給付（不法原因給付））

　不法な原因のために債務が存在しないにもかかわらず給付をした者は，その不法な原因が受益者について存在するときは，その給付したものの返還を請求できる。ただし，不法な原因が損失者についてのみ存したときは，この限りでない。

3　不法行為に関する民法改正案（加賀山私案）

第709条（不法行為による損害賠償）

　故意又は過失によって他人に損害を生じさせた者は，その損害を賠償する責任を負う。

第710条（財産以外の損害の賠償）

　他人の生命，身体，自由若しくは名誉を侵害した場合又は他人の財産権を侵害した場合のいずれであるかを問わず，前条の規定により損害賠償の責任を負う者は，財産以外の損害に対しても，その賠償をしなければならない。

第711条（近親者に対する損害の賠償）

　他人の生命を侵害した者は，被害者の父母，配偶者，姉妹兄弟及び子に対しては，その財産権が侵害されなかった場合においても，損害の賠償をしなければならない。

第712条（責任能力1）

　未成年者は，他人に損害を加えた場合において，自己の行為の責任を弁識するに足りる知能を備えていなかったときであっても，もしも，年齢を考慮しなければ，それが不法行為とみなされる場

合には，その行為について賠償の責任を負う。ただし，その者が成年となるまでの間，その者に対する責任追及が猶予されるとともに，求償権を確保する範囲で，時効の進行も停止する。

第 713 条〔責任能力 2〕

① 精神上の障害により自己の行為の責任を弁識する能力を欠く状態にある間に他人に損害を加えた者は，もしも，その状況を考慮しなければ，それが不法行為とみなされる場合には，その行為について賠償の責任を負う。ただし，その者が事理弁識能力を回復するまでの間，その者に対する責任追及が猶予されるとともに，求償権を確保する限度で時効の進行も停止する。

② 前項の規定は，故意又は過失によって一時的にその状態を招いたときは，適用しない。

第 714 条（責任無能力者の監督義務者の責任）

①〔監督者の担保責任〕前2条〔責任能力〕の規定により責任無能力者がその責任を負わない場合において，その責任無能力者を監督する法定の義務を負う者は，その責任無能力者が第三者に加えた損害を賠償する責任を負う。ただし，責任無能力者の行為が，責任能力者の行為であったとしても，不法行為を構成しない場合は，この限りでない。

②〔被監督者と監督者との連帯責任〕責任能力を有するが，事理弁識能力が不十分な者が第三者に損害を与えた場合には，その者を監督する義務を負う者は，被監督者が第三者に加えた損害を被監督者と連帯して賠償する責任を負う。ただし，監督義務者が，被監督者の行為を防止できなかったこ

<u>とを証明したときは，この限りでない。</u>

③〔代理監督者の責任〕監督義務者に代わって責任無能力者を
　監督する者も，前二項の責任を負う。

第715条（使用者等の責任）

① ある事業のために他人を使用する者は，被用者がその事業
　の執行について第三者に加えた損害について，<u>被用者と連</u>
　<u>帯して賠償する責任を負う。</u>ただし，使用者が被用者の選
　任及びその事業の監督について相当の注意をしたとき，又
　は相当の注意をしても損害が生ずべきであったときは，こ
　の限りでない。

② 使用者に代わって事業を監督する者も，前項の責任を負う。

③ 前2項の規定は，使用者又は監督者から被用者に対する求
　償権の行使を妨げない。

第716条（注文者の責任）

注文者は，請負人<u>にした仕事の</u>注文又は指図について<u>過失が</u>
<u>あったときに限り</u>，請負人がその仕事について第三者に加えた損
害を賠償する<u>責任を負う。</u>

第717条（土地の工作物等の占有者及び所有者の責任）

① 土地の工作物の設置又は保存に瑕疵があることによって他
　人に損害を生じたときは，その工作物の占有者は，被害者
　に対してその損害を賠償する責任を負う。ただし，占有者
　が損害の発生を防止するのに必要な注意をしたときは，<u>損</u>
　<u>害の原因について他にその責任を負う者がある場合であっ</u>
　<u>ても，所有者は，その者の損害賠償責任を担保する責任を</u>
　<u>負う。</u>

② 前項の規定は，竹木の栽植又は支持に瑕疵がある場合について準用する。

③ 前2項の場合において，損害の原因について他にその責任を負う者があるときは，占有者又は所有者は，その者に対して求償権を行使することができる。

第718条（動物の占有者等の責任）

① 動物の占有者又は所有者は，その動物が他人に加えた損害を賠償する責任を負う。ただし，動物の種類及び性質に従い相当の注意をもってその管理をしたときは，この限りでない。

② 占有者又は所有者に代わって動物を管理する者も，前項の責任を負う。

第719条（共同不法行為者の責任）

① 数人が共同の不法行為によって他人に損害を加え，各人の行為が損害の発生の蓋然性を高めたときは，各自が寄与割合に応じて負担部分を有するとともに，各自が連帯してその損害を賠償する責任を負う。共同行為者のうちいずれの者がその損害を加えたかを知ることができないときも，それぞれ者が同等の割合で損害の発生に寄与したと推定する。

② 行為者を教唆した者及び幇助した者は，たとえ，意思決定にのみに関与した場合であっても，共同行為者とみなして，前項の規定を適用する。

第720条（正当防衛及び緊急避難）

① 他人の不法行為に対し，自己又は第三者への損害の発生を回避するため，やむを得ず加害行為をした者は，損害賠償

の責任を負わない。ただし，被害者から不法行為をした者に対する損害賠償の請求を妨げない。

② 前項の規定は，他人の物から生じた急迫の危難を避けるためその物を損傷した場合について準用する。

第 721 条（損害賠償請求権に関する胎児の権利能力）

胎児は，損害賠償の請求権については，既に生まれたものとみなす。ただし，加害者の行為と無関係に胎児が死産となった場合は，この限りでない。

第 722 条（損害賠償の方法及び過失相殺）

① 第 416 条〔損害賠償の範囲〕，第 417 条〔損害賠償の方法〕，418 条〔過失相殺〕の規定は，不法行為による損害賠償について準用する。

② 被害者に過失があったときは，裁判所は，これを考慮して，損害賠償の額を定めることができる。

第 723 条（名誉毀損における原状回復）

① 公然と事実を摘示し，他人の名誉を毀（き）損した者に対しては，裁判所は，被害者の請求により，損害賠償に代えて，又は損害賠償とともに，名誉を回復するのに適当な処分を命ずることができる。

② 前項の行為が公共の利害に関する事実に係り，かつ，その目的が専ら公益を図ることにある場合には，事実の真否を判断し，名誉を棄損した者が，真実であること又は真実と信じるにつき相当の事由があることを証明したときは，前項の責任を負わない。

民法 723 条の 2（差止請求権）

<u>ある行為を行うと，回復困難な被害が発生することが，予見可能であり，かつ，当該行為をしなければ，損害を回避することが可能であるという場合には，民法 414 条 3 項に基づき，回復困難な被害を防止するために，適当な処分をすること（差止請求）裁判所に請求することができる。</u>

第 724 条（不法行為による損害賠償請求権の消滅時効）

不法行為による損害賠償の請求権は，次に掲げる場合には，時効によって消滅する。

　一　被害者又はその法定代理人が損害及び加害者を知った時から <u>5</u> 年間行使しないとき。

　二　不法行為の時から 20 年間行使しないとき。

第 724 条の 2（人の生命又は身体を害する不法行為による損害賠償請求権の消滅時効）

人の生命又は身体を害する不法行為による損害賠償請求権の消滅時効についての前条第一号の規定の適用については，同号中「3 年間」とあるのは，「<u>10</u> 年間」とする。

おわりに

　本書は，12 年間にわたって明治学院大学に在職し，建学の精神である他者への貢献 "Do for others" の精神に触れる機会を与えられたことによって着想を得ることができた成果物です。

　ただし，本書は，他者への貢献 "Do for others" の内容のうち，その背景にある法の精神を伝えることに重点を置いており，いわば，法学入門ともいえるものです。そのため，民法の条文の詳しい解説は省略しています。

　本書を読んで，民法の「契約外の債権・債務発生原因」である」「事務管理」，「不当利得」，「不法行為」に興味を持ち，本格的に学習しようと決意された方には，本書と同時並行して執筆し，本書に引き続いて刊行される予定の，以下の書物を手に取っていただけると幸いです。

　加賀山茂『事務管理・不当利得・不法行為── 他者への貢献 "Do for others" の民法学──』信山社（2018）

　上記の書物を執筆するに際しての基本的な考え方は，本書と同一ですが，条文ごとに設例と設問を配置し，それぞれの条文の立法に至る経緯，立法理由，その後の学説・判例の動向，条文の改正案とその理由を詳しく展開するという一貫した方法で執筆を行っており，自学自習にとっても，講義前の予習にとっても，また，ゼミの報告の準備にとっても必要不可欠の情報を提供しております。

　二つの書物に共通する「事務管理」,「不当利得」,「不法行為」に関する民法の条文について,「他者への貢献 "Do for others" の民法学」という視点で解説を行うという試みは, おそらく, 世界でも最初の試みであると思われます。

　このように, 視点を同じくしつつも, その精神に重点を置いた本書と, 各条文について詳しい説明を行った上記の姉妹図書によって, ボランティア活動を行うすべての人々が民法学習の楽しさを追体験していただけることを願っています。

参 考 文 献

［NHK スペシャル・ヒューマン（2012）］

　NHK スペシャル取材班『ヒューマン──なぜヒトは人間になれたの
か──』角川書店（2012/3/25）

［加賀山＝竹内・逸失利益の算定の問題点（1990）］

　加賀山茂＝竹内尚寿「逸失利益の算定における中間利息控除方式の問
題点について」判例タイムズ714号（1990/02）17-26頁

［加賀山・共同不法行為（1997）］

　加賀山茂「共同不法行為」『新・損害賠償法講座第4巻』日本評論社
（1997）373-394頁

［加賀山・中間利息控除の問題点（1999）］

　加賀山茂「逸失利益⑷──中間利息控除（ホフマン方式）（最二判平3・
11・8交通民集24巻6号1333頁）」交通事故判例百選［第4版］
（1999）118-119頁

［加賀山・連帯債務の相互保証理論モデル（2001）］

　加賀山茂「民法における理論モデルの提示と検証──連帯債務に関する
相互保証理論モデルを例として──」法学教室244号（2001/01）19-28
頁

［加賀山・民法学習法入門（2007）］

　加賀山茂『現代民法　学習法入門』信山社（2007）

［加賀山・不法行為における定量分析の必要性（2011）］

　加賀山茂「故意又は過失，因果関係における定量分析の必要性──過失
に関する「ハンドの定式」の誤解の克服，および，因果関係における
ベイズの定理の応用を中心に──」明治学院大学法科大学院ローレ
ビュー15号（2011/12）17-58頁

［加賀山・法教育の必要性（2012）］

　加賀山茂「法教育の必要性とその実現方法──アイラック（IRAC）を

参 考 文 献

考慮したトゥールミン図式の特殊化とその応用──」明治学院大学法科
大学院ローレビュー16号（2012/03）3-36頁

［加賀山・法科大学院の経験を学部教育に活かす（2014）］

　　加賀山茂「法科大学院での教育実践を法学部教育の改革に活かす──
100人規模の講義で一人一人の知的レベルをどれだけ向上させることが
できるか？──」明治学院大学法科大学院ローレビュー21号（2014/12）
1-31頁

［加賀山・妊娠中の女性の自己決定権（2016）］

　　加賀山茂「妊娠中の女性の自己決定権優先の原則」明治学院大学法科
大学院ローレビュー』第25号（2016/12）57-68頁

［加賀山・ひゃくみん（2017）］

　　加賀山茂『民法条文100選──100ヵ条で学ぶ民法（ひゃくみん）』信山
社（2017/2/20）

［加賀山・保証の本質と民法改正の問題点（2017）］

　　加賀山茂「保証の本質から見た改正民法の問題点──民法学における腐
敗の構造の一斑──」『大改正時代における民法学の課題と展望』成文
堂（2017/12）273-302頁。

［加賀山・民法707条の位置づけ（2018）］

　　「民法707条の『法律上の原因に基づく』不当利得としての位置づ
け──給付不当利得の否定（1項），第三者の支出不当利得の肯定（2
項）──」加藤新太郎＝太田勝造＝大塚直＝田髙寛貴編『加藤雅信先生
古稀記念21世紀民法学の挑戦』〔下巻〕信山社（2018/3/30）457-489頁

［加藤・不当利得の構造（1986）］

　　加藤雅信『財産法の体系と不当利得法の構造』有斐閣（1986）

［加藤・不当利得（2005）］

　　加藤雅信『事務管理・不法利得・不法行為（新民法大系）』有斐閣
（2005）

［加藤・不当利得論（2016）］

　　加藤雅信『加藤雅信著作集 第3巻　不当利得論』信山社（2016）

［有斐閣・法律学小辞典］

　金子宏，新堂幸司編『法律学小辞典』〔第4版補訂版〕有斐閣（2008）

［川角・新注釈民法707条（2017）］

　川角由和「第707条（他人の債務弁済）」窪田充見編『新注釈民法⒂債権⑻』有斐閣（2017）

［岸見・愛とためらいの哲学（2018）］

　岸見一郎『愛とためらいの哲学』PHP新書（2018/3/1）

［クーター＝ユーレン・法と経済学（1997）］

　ロバート・クーター＝トーマス・ユーレン，太田勝造(訳)『法と経済学』〔新版〕商事法務研究会（1997/10）

［佐野・明治民法情報基盤（2016）］

　佐野智也『立法沿革研究の新段階――明治民法情報基盤の構築――』信山社（2016）

［潮見・不当利得（2009）］

　潮見佳男『基本講義 債権各論Ⅰ 契約法・事務管理・不当利得』〔第2版〕新世社（2009）

［潮見・不法行為（2009）］

　潮見佳男『基本講義 債権各論Ⅰ 契約法・事務管理・不当利得』〔第2版〕新世社（2009）

［四宮・不当利得（1981）］

　四宮和夫『事務管理・不当利得・不法行為(上)青林書院（1981）

［清水・債権各論（2011）］

　清水元『プログレッシブ民法――債権各論⟨2⟩』成文堂（2015）

［ベアテ シロタ・1945年のクリスマス（2016）］

　ベアテ・シロタ・ゴードン(著)，平岡磨紀子(著)『1945年のクリスマス 日本国憲法に「男女平等」を書いた女性の自伝』朝日文庫（2016/6/7）

［谷口・不当利得前注（1976）］

　谷口知平「前注（§§703-798〔不当利得〕」谷口知平編『注釈民法⒅債権⑼事務管理・不当利得§§679～708』有斐閣（1976）396-400頁

参 考 文 献

［土田・不当利得の類型的考察（1985）］

　土田哲也「不当利得の類型的考察方法」星野英一編集代表『民法講座6
　（事務管理・不当利得・不法行為）』有斐閣（1985）1-43頁

［Deshayes, Réforme du droit des contrats（2016）］

　O. Deshayes=T.Genicon=Y-M.Laithier, "Réforme du droit des contrats,
　du régime général et de la preuve des obligations – Commentaire
　article par article –", LexisNexis（2016）

［トゥールミン・議論の技法（2011）］

　スティーヴン・トゥールミン（戸田山和久，福澤一吉訳）『議論の技法
　（The Uses of Argument（1958, 2003）） トゥールミンモデルの原点』
　東京図書（2011）

［野澤・債権法Ⅲ（2017）］

　野澤正充『事務管理・不当利得・不法行為』〔第2版〕日本評論社
　（2017）

［ハフト・法律学習法（1992）］

　フリチョフ・ハフト／平野敏彦訳『レトリック流法律学習法』〔レト
　リック研究会叢書2〕木鐸社（1992年）

［原田・民法典の史的素描（1954）］

　原田慶吉『日本民法典の史的素描』創文社（1954）

［バール・ヨーロッパ不法行為法（1）（1998）］

　クリスチャン・フォン・バール（窪田充見訳）『ヨーロッパ不法行為法
　(1)』弘文堂（1998）

［平田・事務管理の構造（2017）］

　平田健治『事務管理の構造・機能を考える』大阪大学出版会（2017/3/1）

［広中・債権各論（1967）］

　広中俊雄『債権各論講義』有斐閣（1967）

［広中・民法理由書（1987）］

　広中俊雄編著『民法修正案（前三編）の理由書』有斐閣（1987）667-
　668頁

［藤原・西ドイツ不当利得法（1988）］

藤原正則「西ドイツ不当利得法の諸問題」現代債権法研究会『西ドイツ債務法改正の鑑定意見』日本評論社（1988）391-466頁

［藤原・不当利得法（2002）］

藤原正則『不当利得法』信山社（2002）

［ペレルマン・法律家の論理（1986）］

カイム・ペレルマン，江口三角(訳)『法律家の論理——新しいレトリック』木鐸社（1986/07/10），（2004/10）

［法典調査会・民法議事速記録五（1984）］

法務大臣官房司法法制調査部監修『法典調査会 民法議事速記録』（日本近代立法資料叢書5）商事法務研究会（1984）

［穂積・法窓夜話（1980）］

穂積陳重『法窓夜話』岩波文庫（1980）

［G. Boissonade, Projet（1882）］

G. Boissonade, "Projet de Code Civil – Pour l'Empire du Japon accompagné d'un commentaire –" Tome 3, 1882, Yushodo, 1999

［山本進一・特殊の不法行為（1965）］

山本進一「前注（§§714-719〔特殊の不法行為〕）」加藤一郎編『注釈民法⑲債権⑩不法行為§§709～724』有斐閣（1965）251-253頁

［山本進一・714条（1965）］

山本進一「責任無能力者の監督者の責任（第714条）」加藤一郎編『注釈民法⑲債権⑩不法行為§§709～724』有斐閣（1965）253-262頁

［有斐閣・法律学小辞典］

金子宏，新堂幸司編『法律学小辞典』〔第4版補訂版〕有斐閣（2008）

［我妻・事務管理・不当利得・不法行為（1937）］

我妻栄『事務管理・不当利得・不法行為』日本評論社（1937）

［我妻 債権総論（1964）］

我妻栄『新訂債権総論（民法講義Ⅳ）』岩波書店（1964）

［我妻・旧法令集（1968）］

参 考 文 献

　我妻栄編集代表『旧法令集』有斐閣（1968）

［我妻・債権各論（下一）（1972）］

　我妻栄『債権各論(下)(一)』岩波書店（1972）

［我妻＝有泉＝清水・コンメンタール民法（2018）］

　我妻栄＝有泉亨＝清水誠『我妻・有泉コンメンタール民法　総則・物権・債権』〔第5版〕日本評論社（2018/4/1）

［渡辺・求償権の基本構造（2006）］

　渡邊力『求償権の基本構造——統一的求償制度の展望』関西学院大学研究叢書（2006）

索 引

索　引

ま　行

〈著者紹介〉

加賀山 茂 (かがやま　しげる)

1948 年	愛媛県宇和島市生まれ
1972 年	大阪大学法学部卒業
1979 年	大阪大学大学院法学研究科博士課程単位取得退学
	国民生活センター・研修部教務課に勤務
1984 年	大阪大学教養部専任講師
1987 年	大阪大学法学部助教授
1992 年	大阪大学法学部教授
1996 年	名古屋大学法学部教授
2005 年	明治学院大学法科大学院教授
2008 年	名古屋大学名誉教授
2014 年	明治学院大学法学部教授
2015 年	明治学院大学「法と経営学研究科」委員長
2017 年	明治学院大学を定年退職　明治学院大学名誉教授

求められる
法教育とは何か
他者への貢献 "Do for others" の視点から
——事務管理，不当利得，不法行為を考える——

2018(平成30)年 8 月30日　第 1 版第 1 刷発行

ⓒ著　者　加 賀 山　　茂
発行者　今井 貴・稲葉文子
発行所　株式会社 信 山 社
〒113-0033　東京都文京区本郷 6-2-9-102
Tel 03-3818-1019　Fax 03-3818-0344
笠間才木支店　〒309-1611　茨城県笠間市笠間 515-3
Tel 0296-71-9081　Fax 0296-71-9082
笠間来栖支店　〒309-1625　茨城県笠間市来栖 2345-1
Tel 0296-71-0215　Fax 0296-72-5410
出版契約 No.2018-8131-01011

Printed in Japan, 2018 印刷・製本 ワイズ書籍(M)／渋谷文泉閣
ISBN978-4-7972-8131-6 C3332 ¥1200E 分類 321.000
p.120 8131-01011：012-015-005